Maximilian Schmidt

Erfolgsfaktoren lateraler Führung

Theoretische Grundlagen, typische Führungsrollen und Handlungsempfehlungen

AF137106

Bibliografische Information der Deutschen Nationalbibliothek:

Die Deutsche Nationalbibliothek verzeichnet diese Publikation in der Deutschen Nationalbibliografie; detaillierte bibliografische Daten sind im Internet über http://dnb.d-nb.de abrufbar.

Impressum:

Copyright © Science Factory 2019

Ein Imprint der GRIN Publishing GmbH, München

Druck und Bindung: Books on Demand GmbH, Norderstedt, Germany

Covergestaltung: GRIN Publishing GmbH

Inhaltsverzeichnis

Vorwort

Der Anlass dieser Bachelor-Thesis ist die kürzliche Neubesetzung des Autors als laterale Führungskraft im Unternehmen seines Arbeitgebers. Eine interne Neuausrichtung hat die Schaffung einer flacheren Hierarchiestruktur zur Folge. Im Zuge dessen und der seither forcierten Umsetzung einer Projektkultur des Betriebes, finden sich diverse Mitarbeiter der Firma, ohne jegliche Führungserfahrung, in der Position einer lateralen Führungskraft wieder. Auf der anderen Seite sieht sich der Arbeitgeber des Autors aufgrund dieser neuen Situation nun mit Mitarbeitern konfrontiert, für deren neuerlichen Informations- und Schulungsbedarf noch kein ausreichendes Konzept erstellt ist.

Erfolgreiche laterale Führung vor dem oben beschriebenen Hintergrund umsetzen zu wollen und zu können, war Anreiz und Motivation für die Verfassung der vorliegenden Arbeit.

Ein berufsbegleitendes Studium, nebst Bachelor-Thesis, braucht die geduldige Unterstützung des persönlichen Umfeldes. Mein Dank gilt daher meiner Familie und meinen Freunden, denen ich während des Studiums bisweilen zu wenig Zeit widmen konnte. Eure Geduld und euer Glaube an mich haben mehr zu meinem Studium beigetragen als ihr euch vielleicht vorstellen mögt.

Mein besonderer Dank gilt meiner Frau Christina Schmidt, für ihre nie versiegende Motivation und Unterstützung in jeder Lebenslage. Auch meinem Freund Daniel Staudt möchte ich danken, für ein immer offenes Ohr und dass er mir stets den Rücken freigehalten hat. Schließlich möchte ich noch meinem Freund und Mentor Bernd Kummerer danken, der mich stets gefördert und gefordert hat und mich beruflich wie auch privat weiterentwickelt hat.

„Dankbarkeit ist das Gedächtnis des Herzens."

(Jean-Baptiste Massillon)

Abbildungsverzeichnis

Abkürzungsverzeichnis

bspw.	beispielsweise
bzw.	beziehungsweise
gem.	gemäß
ggf.	gegebenenfalls
i.d.R.	in der Regel
u.a.	unter anderem
u.U.	unter Umständen
v.a.	vor allem
vgl.	vergleiche
z.B.	zum Beispiel
z.T.	zum Teil

Ergänzender Hinweis

Um die Lesbarkeit der vorliegenden Arbeit zu erleichtern, wird auf eine geschlechtsspezifische Unterscheidung (z.B. Mitarbeiter/Innen) verzichtet. Die verwendeten Begriffe stehen im Sinne der Gleichbehandlung für beide Ge-schlechter

1 Einleitung

Solange es Organisationen gibt, solange gibt es auch Hierarchien, die deren Ordnung und Handlungsfähigkeit sicherstellen sollen. Ein Sachverhalt, der kaum verwunderlich ist, da hierarchische Strukturen bislang stets geeignet schienen um Konflikte zu lösen, schnelle Entscheidungen herbeizuführen und Machtkämpfe zu umgehen.[1]

Seit einiger Zeit jedoch, ist ein Schwinden der Akzeptanz dieses Konzeptes zu verzeichnen. Zurückzuführen ist dies auf eine zunehmend limitierte Wirkung von Hierarchien auf wesentliche Arbeitsabläufe in Organisationen.[2] Diese sehen sich mit immer vielschichtigeren Themen- und Aufgabenbereichen konfrontiert, die in komplexeren und fachbereichsübergreifenden Projekten und Arbeitsgruppen behandelt werden müssen.[3] Interdisziplinar zusammengestellte Gruppen sollen Informationen, die in den einzelnen Bereichen der Organisation entstehen sammeln und in einen gemeinsamen Kontext bündeln. Mittels Beteiligung von Ebenen, die in der Organisation relativ weit unten stehen, soll durch die Nähe zum jeweiligen Sachverhalt, zusätzlich die Qualität der getroffenen Entscheidungen erhöht werden.[4]

Bei der fachlichen Leitung dieser aus diversen Organisationseinheiten zusammengefügten Teams, stehen dem Verantwortlichen, trotz womöglich disziplinarisch vorgesetzt in der eigenen Organisationseinheit, keine hierarchischen Weisungsbefugnisse zur Verfügung. Ihm obliegt demnach die Führung ohne Vorgesetztenfunktion.[5] Flacher werdende Hierarchien fördern diese Entwicklung auch bei der Arbeit im originären Arbeitsfeld. Zum Teil weicht die unterste Führungsebene disziplinarisch nicht weisungsbefugten Fachvorgesetzten. In Folge dessen gewinnen neue Führungsansätze, wie der der lateralen Führung, zunehmend an Bedeutung.[6]

---

[1] Vgl. Kühl, S., Laterales Führen, 2017, S. 1.
[2] Vgl. *Kühl, S., Schnelle, T.,* Führen ohne Hierarchie, 2009, S. 51.
[3] Vgl. *Stöwe, C., Keromosemito, L.,* Führen ohne Hierarchie - Laterale Führung, 2013, S. 5; *https://www.haufe.de/personal/hrmanagement/laterale-fuehrung-fuehren-ohne-fuehrungsfunktion-wirdwichtiger_80_306786.html*, Zugriff am 31.03.2019.
[4] Vgl. *Kühl, S., Schnelle, T.,* Führen ohne Hierarchie, 2009, S. 51.
[5] Vgl. *Kühl, S., Schnelle, T.,* Führen ohne Hierarchie, 2009, S. 51; *https://www.haufe.de/personal/hrmanagement/laterale-fuehrung-fuehren-ohne-fuehrungsfunktion-wirdwichtiger_80_306786.html*, Zugriff am 31.03.2019.
[6] Vgl. *https://www.haufe.de/personal/hrmanagement/laterale-fuehrung-fuehren-ohne-fuehrungsfunktion-wirdwichtiger_80_306786.html*, Zugriff am 31.03.2019.

Folglich wächst das Interesse daran, wie laterale Führung auszugestalten ist, um erfolgreich in Organisationen eingesetzt werden zu können. Daher befasst sich die vorliegende Arbeit mit der Frage, was wesentliche Erfolgsfaktoren lateraler Führung sind. Diese sollen im Rahmen der nachfolgenden Ausführungen herausgestellt werden.

Zur Schaffung einer theoretischen Grundlage für die weiteren Ausführungen und zur später einfacheren Abgrenzung lateraler Führung, wird in Kapitel 2 zunächst auf hierarchische Führung eingegangen. Im Anschluss an die Definition in Kapitel 2.1, werden unter 2.2 mit dem Eigenschaftsansatz, dem Systemansatz und dem situationsorientierten Ansatz drei Führungstheorien erläutert, die die Führungsforschung maßgeblich geprägt haben. Deren unterschiedliche Schwerpunktsetzung für erfolgreiche Führung, liefert verschiedene Perspektiven für Rückschlüsse der späteren Ausführungen zu lateraler Führung. Unter 2.3 erfolgt eine kritische Betrachtung der drei Führungstheorien.

Um ein grundlegendes Verständnis für bestehende Unterschiede zu schaffen, widmet sich Kapitel 3 dann der lateralen Führung und setzt diese, anschließend an ihre Definition unter 3.1, unter 3.2 von der hierarchischen Führung ab. Um einen praxisnahen Bezug zu lateraler Führung herzustellen, beschreibt Kapitel 3.3 die beiden typischsten lateralen Führungsrollen Projektleiter und Teamkoordinator. Für eine dezidiertere Nachvollziehbarkeit der anschließenden Erfolgsfaktoren, werden in Kapitel 3.4 die offenkundigsten Herausforderungen erläutert, denen sich laterale Führung stellen muss.

In Kapitel 4 werden schließlich die wesentlichen Erfolgsfaktoren lateraler Führung charakterisiert. Hierfür wird den jeweiligen Teilaspekten ein eigenes Unterkapitel gewidmet. Unter 4.1 werden Persönlichkeit und Kompetenzen herausgestellt, die erfolgreicher lateraler Führung dienlich sind. Unter 4.2 erfolgt die Beschreibung der entsprechenden Rahmenbedingungen, ehe Kapitel 4.3 sich den Mitarbeitern und Teams widmet. 4.4 beschreibt Kommunikation als wesentlichen Erfolgsfaktor, 4.5 Motivation und 4.6 beschließt mit dem Faktor Macht die Herausstellung wesentlicher Erfolgsfaktoren lateraler Führung.

Das Fazit in Kapitel 5 resümiert die vorangestellten Erkenntnisse, bringt sie nochmals in logischen Zusammenhang und definiert die Grenzen der Betrachtung des Themas in der vorliegenden Arbeit.

2 Hierarchische Führung

Bevor im späteren Verlauf der Arbeit das Modell der lateralen Führung gesondert behandelt werden kann, ist es zur Grundlagenschaffung zunächst erforderlich, sich der hierarchischen Führung zu widmen. Dies vereinfacht eine spätere Abgrenzung der lateralen Führung.

2.1 Definition

Die Fachliteratur bietet zahlreiche, unterschiedliche Definitionen von Führung. Die jeweilige Ausprägung basiert auf dem entsprechenden Zugang zum Thema und der individuellen Wahl der Schwerpunkte der Betrachtung.[7]

Nachfolgend eine beispielhafte Auswahl:

„Führung ist jener Prozess der Einflussnahme, welcher einerseits ein für die Geführten günstiges Umfeld generiert und sie andererseits in der Wahrnehmung und Verarbeitung dieses Umfeldes so unterstützt, dass sich die Auftretenswahrscheinlichkeit jenes zielgerichteten, selbstmotivierten und selbstkoordinierten Verhaltens der Geführten erhöht, welches das Überleben der Organisation als auch der beteiligten Individuen jetzt und in Zukunft sichert."[8]

„Führung dient dazu, andere Menschen individuell und gezielt zu beeinflussen, zu motivieren und/oder in die Lage zu versetzen, zum Erreichen kollektiver Ziele in Organisationen beizutragen."[9]

„Führung ist die akzeptierte Beeinflussung anderer, die bei den Beeinflussten mittelbar oder unmittelbar ein intendiertes Verhalten auslöst."[10]

Im Vergleich der drei Definitionsansätze sind neben Unterschieden in der Ausführlichkeit und Tragweite von Führung, vor allem zwei markante, gemeinsame Faktoren zu erkennen: der Mensch, auf den Einfluss genommen werden soll und die zu erreichenden Ziele.[11] Es ist jeweils von einer methodischen Einwirkung auf Individuen zum Zwecke der Erreichung von Zielen die Rede. Andere sollen mittels Motivation und der Schaffung günstiger Rahmenbedingungen zu einem gewünschten

---

[7] Vgl. *Hofbauer, H., Kauer, A.,* Einstieg in die Führungsrolle, 2018, S. 3.

[8] *Pfister, A., Neumann, U.,* Führungstheorien, 2019, S. 59-60.

[9] *Kauffeld, S., Ianiro-Dahm, P. M., Sauer, N. C.,* Führung, 2019, S. 106.

[10] *Weibler, J.,* Personalführung, 2012, S. 103.

[11] Vgl. *Hofbauer, H., Kauer, A.,* Einstieg in die Führungsrolle, 2018, S. 3.

Verhalten animiert werden.[12] Diese knappe Zusammenfassung der Übereinstimmungen stellt zwar keine umfassende Führungsdefinition dar, sie spiegelt jedoch den Umstand wider, dass trotz unterschiedlicher Definitionsansätze zum Führungsbegriff, zumindest ein einheitliches Grundverständnis in der Fachwelt vorliegt.[13] Die gängigsten Übereinstimmungen können in den folgenden Grundkonsens gefasst werden: Führung beschreibt einen Prozess, in dem andere Personen einer Gruppe zugunsten der Erreichung gemeinsamer Ziele beeinflusst werden.[14] In der Auseinandersetzung mit Führung bedient sich der westliche Kulturraum vorrangig dieser beschriebenen Kongruenz.[15] Die vorliegende Arbeit legt ebendieses Verständnis für die weiteren Ausführungen zugrunde.

2.2 Klassische Führungstheorien

Führungstheorien werden am Führungserfolg ausgerichtet. Dieser wird wiederum an ökonomischen und sozialen Kriterien bemessenen. Die unterschiedlichen Ansätze stellen unterschiedliche Bedingungen heraus, die wesentliche Strukturen und Prozesse bestimmen sollen und leiten daraus die Erfolgsvoraussetzungen ab. Der Führungserfolg hängt davon ab, nach welchen Kriterien er beurteilt wird.[16]

Im Folgenden werden drei Führungstheorien kurz vorgestellt, die die Forschung maßgeblich geprägt haben und Gegenstand regen wissenschaftlichen Diskurses sind. Diese verschiedenen Ansätze machen jeweils unterschiedliche Einflussfaktoren für den Führungserfolg verantwortlich. Die Ausführungen der nachfolgenden drei Unterkapitel erheben jedoch keinen Anspruch auf umfassende Vollständigkeit. Jeder Ansatz an sich findet in der Fachwelt deutlich umfangreichere Erläuterung und Spezifizierung. Die knappe Widmung dieser beispielhaft aufgeführten Führungstheorien in der vorliegenden Arbeit, dient lediglich dem Abbilden von gegenständlichen Konzepten in der Führungsforschung, als Basis für die weiteren Betrachtungen. Weitere Beispiele sind u.a. interaktionistische Ansätze, implizite Ansätze, oder auch der Verhaltensansatz, der die geläufige Unterscheidung in einen

---

[12] Vgl. *Weibler, J.,* Personalführung, 2012, S. 103; *Pfister, A., Neumann, U.,* Führungstheorien, 2019, S. 59-60; *Kauffeld, S., Ianiro-Dahm, P. M., Sauer, N. C.,* Führung, 2019, S. 106.

[13] Vgl. *Blessin, B., Wick, A.,* Führen und führen lassen, 2017, S. 25.

[14] Vgl. *Blessin, B., Wick, A.,* Führen und führen lassen, 2017, S. 30; *Hofbauer, H., Kauer, A.,* Einstieg indie Führungsrolle, 2018, S. 3.

[15] Vgl. *Blessin, B., Wick, A.,* Führen und führen lassen, 2017, S. 25.

[16] Vgl. *Hofbauer, H., Knauer, A.,* Einstieg in die Führungsrolle, 2018, S. 19.

autoritären, einen demokratischen und einen laissez-faire Führungsstil vornimmt.[17]

2.2.1 Eigenschaftsansatz

Der Eigenschaftsansatz, auch personenorientierter Ansatz genannt, stellt die Person des Führenden in den Mittelpunkt. Die ausschlaggebenden Parameter für die
Effektivität der Führung sind hierbei die persönlichen Eigenschaften der Führungskraft, da diese als relativ stabile, zeit- und situationsunabhängige Faktoren
angesehen werden.[18] Aufgabe, Rolle, oder Kultur der Organisation sind in dieser
Theorie hingegen nebensächlich.[19] Vielmehr sollen Eigenschaften definiert werden, die eine erfolgreiche Führungskraft unabhängig von der jeweiligen Situation
ausmachen.[20] Das Ziel dieses Ansatzes ist es also, möglichst alle individuellen Per-
sönlichkeitsmerkmale zu identifizieren, die besonders stark mit dem Führungserfolg in Verbindungen gebracht werden können.[21] Im Laufe der Zeit versuchten sich
diverse Experten an der Erstellung einer Liste erfolgversprechender Eigenschaften. Da eine repräsentative Aufstellung an dieser Stelle den Rahmen sprengen
würde, seien lediglich folgende fünf Beispiele erwähnt, um sich ein Bild machen zu
können: Führungsmotivation, Selbstvertrauen, Kreativität, Flexibilität und Fach-
kenntnis.[22] Zwar beeinflussen sehr wohl auch die Eigenschaften, die der Geführte
mitbringt, den Führungserfolg, dennoch geht diese Führungstheorie im Wesentlichen davon aus, dass die persönlichen Eigenschaften der Führungskraft den Aus-
schlag zum Erfolg, oder Misserfolg der Führung geben.[23]

2.2.2 Systemansatz

Der Systemansatz findet in der Fachliteratur u.a. auch als positionsorientierter Ansatz, oder Rollentheorie Erwähnung. Er betrachtet die Organisation als Ganzes und
versucht die Führung als einen wichtigen Prozess innerhalb eines Systems zu er-
fassen, welcher jene Rahmenbedingungen schafft, in denen die systemeigene

---

[17] Vgl. *Kauffeld, S., Ianiro-Dahm, P. M., Sauer, N. C.,* Führung, 2019, S. 108.
[18] Vgl. *Hofbauer, H., Knauer, A.,* Einstieg in die Führungsrolle, 2018, S. 19-20; *Kauffeld, S., Ianiro-Dahm, P. M., Sauer, N. C.,* Führung, 2019, S. 108-110.
[19] Vgl. *Drumm, H. J.,* Personalwirtschaft, 2005, S. 515.
[20] Vgl. *Hofbauer, H., Knauer, A.,* Einstieg in die Führungsrolle, 2018, S. 19-20.
[21] Vgl. *Kauffeld, S., Ianiro-Dahm, P. M., Sauer, N. C.,* Führung, 2019, S. 108-110.
[22] Vgl. *Hofbauer, H., Knauer, A.,* Einstieg in die Führungsrolle, 2018, S. 19-20; *Pfister, A., Neumann, U.,*Führungstheorien, 2019, S. 43.
[23] Vgl. *Hofbauer, H., Knauer, A.,* Einstieg in die Führungsrolle, 2018, S. 19-20.

Dynamik konstruktiv wirken kann.[24] Diese institutionellen Rahmenbedingungen stehen im Mittelpunkt der Betrachtung. Der Führungserfolg hängt davon ab, inwiefern die Erwartungen von Führenden und Geführten an die eigene Rolle und die des anderen übereinstimmen und wie zielsicher auftretende Rollenkonflikte erkannt und gelöst werden können.[25] Ein gänzlich selbstbestimmtes Handeln ist der Führungskraft in diesem Zusammenhang nicht möglich, da der Handlungsspielraum durch Regeln, Vorschriften und Normen eingeschränkt ist. Problematisch ist hierbei, dass sich die Erwartungen und Normen zum Teil widersprechen können und somit Konfliktpotential bergen. Es obliegt der Führungskraft Kompromisse zu entwickeln, um möglichst alle Interessen einbeziehen zu können.[26] Der Systemansatz definiert die Organisation als ein komplexes soziales System, das sich selbst organisiert und von außen nicht direkt steuerbar ist.[27] Er erweitert das Blickfeld auf die Widersprüche und Konflikte innerhalb des Systems und verdeutlicht den Stellenwert von eindeutig definierten Rollen und Funktionen. Die Annahme dieser Führungstheorie ist, dass für den Führungserfolg die sorgsame Behandlung der unterschiedlichen Erwartungen und Normen, die auf Führung wirken, ausschlaggebend sind.[28]

2.2.3 Situationsorientierter Ansatz

Der situationsorientierte Ansatz, häufig auch als Kontingenzansatz bezeichnet, konzentriert sich auf das Führungsverhalten in den jeweiligen Führungssituationen. Der Führungserfolg hängt somit primär mit der Umwelt der Organisation, also den Arbeitsbedingungen, der Wettbewerbssituation und den Kunden zusammen.[29] Darüber hinaus wird auch der Reifegrad der Geführten mit einbezogen.[30] Je nach Ausprägung des Reifegrades eines Geführten, ist das Führungsverhalten ihm gegenüber anzupassen.[31] Führung ist also verschiedenen Einflussgrößen

---

[24] Vgl. *Hofbauer, H., Knauer, A.,* Einstieg in die Führungsrolle, 2018, S. 20; *Pfister, A., Neumann, U.,* Führungstheorien, 2019, S. 55-56.

[25] Vgl. *Schilling, J.,* Wovon sprechen Führungskräfte wenn sie über Führung sprechen?, 2001, S. 16; *Hofbauer, H., Knauer, A.,* Einstieg in die Führungsrolle, 2018, S. 20.

[26] Vgl. *Hofbauer, H., Knauer, A.,* Einstieg in die Führungsrolle, 2018, S. 20.

[27] Vgl. *Pfister, A., Neumann, U.,* Führungstheorien, 2019, S. 55-56.

[28] Vgl. *Hofbauer, H., Knauer, A.,* Einstieg in die Führungsrolle, 2018, S. 20.

[29] Vgl. *Hofbauer, H., Knauer, A.,* Einstieg in die Führungsrolle, 2018, S. 21.

[30] Vgl. *Hofbauer, H., Knauer, A.,* Einstieg in die Führungsrolle, 2018, S. 21; *Kauffeld, S., Ianiro-Dahm, P. M., Sauer, N. C.,* Führung, 2019, S. 112-114.

[31] Vgl. *Pfister, A., Neumann, U.,* Führungstheorien, 2019, S. 45-46.

unterworfen und soll demnach situationsangepasst und keinem bestimmten Stil entsprechend betrieben werden. Der Anteil des Führenden an seinem Führungserfolg relativiert sich somit durch Einbeziehung der Rahmenbedingungen in die Betrachtung. Diese Führungstheorie geht davon aus, dass erfolgreiche Personalführung eine Analyse des Handlungskontextes voraussetzt und daher der Situation jeweils angemessenste Führungsstil auch der jeweils erfolgreichste ist.[32]

2.3 Kritische Betrachtung

Wie aus den vorangegangenen Ausführungen hervorgeht, haben alle theoretischen Führungsansätze ihre Stärken und Schwächen, sowie ihre Unterschiede und Gemeinsamkeiten. Führung ist jedoch eine sehr komplexe Aufgabe und lässt sich kaum systematisieren.[33] Die bestehenden Ansätze können lediglich Impulse und Argumente liefern, um die Werte und Normen einer Führungskraft zu formen.[34] Jedwedes geplante Führungsverhalten kann durch neue Gegebenheiten oder Informationen eingeschränkt, oder komplexer gemacht werden.[35] Sinnvoll ist also neben einem strukturierten Vorgehen, auch eine gewisse Flexibilität, um in den einzelnen Situationen individuell angepasst reagieren zu können und somit den Menschen und den strukturellen Gegebenheiten gerecht zu werden.[36] Daher ist es nicht möglich einen einzelnen Führungsansatz als alleingültig hervorzuheben.[37] Die aufgezeigten Führungstheorien sind nicht als abgeschlossen, sondern als Prozess anzusehen. Auf diese Weise können sich weiterentwickelnde Zusammenhänge gesellschaftlicher und zwischenmenschlicher Natur Berücksichtigung finden.[38]

---

32 Vgl. *Aschauer, E.,* Führung, 1970, S. 78; *Hofbauer, H., Knauer, A.,* Einstieg in die Führungsrolle, 2018, S. 21.

33 Vgl. *della Picca, M., Spisak, M.,* Psychologische Grundlagen für Führungskräfte, 2013, S. 100.

34 Vgl. *Steiger, T., Lippmann, E.,* Handbuch Angewandte Psychologie für Führungskräfte, 2013, S. XVII.

35 Vgl. *Hug, B.,* Wie funktionieren Arbeitsgruppen?, 2013, S. 338.

36 Vgl. *Steiger, T., Lippmann, E.,* Handbuch Angewandte Psychologie für Führungskräfte, 2013, S. XVII.

37 Vgl. *Steiger, T.,* Das Rollenkonzept der Führung, 2013, S. 39.

38 Vgl. *Steiger, T.,* Das Rollenkonzept der Führung, 2013, S. 44.

3 Laterale Führung

Aufgrund fortlaufender Internationalisierung und zunehmender Differenzierung von Aufgabenbereichen in Organisationen, hat sich mit der lateralen Führung eine auf gegenseitige Kooperation basierende, partizipative Form der Führung heraus-gebildet.[39] Wie eingangs bereits festgehalten, gewinnen laterale Führungskonzepte in Organisationen kontinuierlich an Bedeutung. Sie werden im Rahmen von Pro-jektstrukturen zunehmend als Ergänzung hierarchisch legitimierter Führung ein-gesetzt und anerkannt.[40]

3.1 Definition

Der Bedeutung des Wortes lateral – seitlich, die Seite betreffend, von der Seite aus-gehend – folgend[41], handelt es sich bei dieser Konzeption nicht um eine Führung von oben, sondern von der Seite, also unter Gleichgestellten.[42] Anders als bei der hierarchischen Führung, erfolgt die soziale Einflussnahme auf andere ohne formale Legitimation, also ohne Ausübung hierarchischer Weisungsbefugnisse. Stattdessen stehen die Einflussmechanismen Macht, Verständigung und Vertrauen im Zentrum des Handelns.[43]

3.2 Abgrenzung zur hierarchischen Führung

Zum besseren Verständnis der weiteren Ausführungen, sei an dieser Stelle folgen-des erwähnt: In der Absicht einen angenehmeren Lesefluss zu ermöglichen, wer-den in der vorliegenden Arbeit äquivalente Begriffe für ‚hierarchisch' verwendet, wie z.B. ‚disziplinarisch', ‚weisungsbefugt', ‚übergeordnet', oder weitere ähnliche. Diese Umschreibungen meinen sinngemäß eine ‚hierarchische' Führung, Füh-rungsrolle, oder Führungskraft in Abgrenzung zu einer lateralen.

In Gegenüberstellung der Definitionen unter den Punkten 2.1 und 3.1, lassen sich nun die Unterschiede herausarbeiten, mittels derer sich die laterale von hierar-chisch legitimierter Führung abhebt.

---

[39] Vgl. *Hofbauer, H., Knauer, A.,* Einstieg in die Führungsrolle, 2018, S. 232.

[40] Vgl. *Moser, M.,* Hierarchielos führen, 2017, S. 168; *Scholten, J.,* Führen ohne Weisungsbefug-nis, 2013, S. 32; *https://www.contur-online.de/de/blog/laterale-fuehrung.php,* Zugriff am 28.04.2019.

[41] Vgl. *https://www.duden.de/rechtschreibung/lateral,* Zugriff am 23.04.2019.

[42] Vgl. *Jörg, U., Steiger, T.,* Leistung und Verhalten beeinflussen, 2019, S. 158.

[43] Vgl. *Kühl, S., Schnelle, T.,* Führen ohne Hierarchie, 2009, S. 51.

Laterale Führungskräfte sind, im Gegensatz zu disziplinarischen Führungskräften, nicht mit vergleichbarer offizieller Machtfülle ausgestattet. Eine vorgesetzte Führungskraft kann für das Erreichen von Organisations- oder Bereichszielen, neben der direkten Kommunikation mit den Mitarbeitern, auch auf seine disziplinarische Weisungsbefugnis zurückgreifen. Sie kann bspw. durch Ressourcenzuteilung, oder Prämienvergabe belohnen, oder durch das Ausbleibenlassen dessen, oder gar Abmahnen, sanktionieren.[44] Da die laterale Führungskraft den Mitarbeitern und Kollegen nicht übergeordnet ist, sondern auf gleicher Ebene mit ihnen verkehrt, kann sie im Gegensatz dazu nicht auf Weisungsbefugnisse zurückgreifen, oder disziplinarische Maßnahmen ergreifen. Zur Interessensdurchsetzung muss sie die Beteiligten argumentativ überzeugen, um Akzeptanz zu wecken und Entscheidungen schließlich durch Konsensfindung fällen zu können.[45] Führungsfunktionen ohne hierarchische Macht müssen sich also einer anderen Art des Führens bedienen, um ihre Ziele und Vorgaben gemeinsam mit Mitarbeitern erfüllen zu können, die ihnen hierarchisch nicht unterstellt sind. Sie müssen ihre Einflussnahme so steuern, dass sie statt durch Anweisungen, durch Vernetzung, Überzeugung und politisches Geschick Wirkung erzielen.[46] Zwar müssen auch Hierarchen in der Lage sein, andere Machtquellen einzusetzen als die Androhung von Sanktionen, in der lateralen Führungsfunktion jedoch, spielen die dargestellten Einflussmechanismen eine besondere Rolle, da schließlich nur sehr begrenzt auf die Hierarchie der Organisation zurückgegriffen werden kann.[47]

3.3 Laterale Führungsrollen

Die wachsende Komplexität und Vielschichtigkeit von Aufgaben und Tätigkeiten in Organisationen, lässt die Funktionen vieler Mitarbeiter deutlich komplexer und aufwändiger werden. Bedingt dadurch, entwickeln sich zunehmend laterale Führungsansätze, die typischerweise in den Rollen von bspw. Teamleitern, Projektleitern, oder Teamkoordinatoren Niederschlag finden. Darüber hinaus entstehen z.T. auch Rollen wie die eines Produktmanagers, internationalen Koordinators, oder

---

[44] Vgl. *Kühl, S., Matthiesen, K.,* Wenn man mit Hierarchie nicht weiterkommt, 2012, S. 534; .*Hofbauer, H., Knauer, A.,* Einstieg in die Führungsrolle, 2018, S. 214.

[45] Vgl. *Hofbauer, H., Knauer, A.,* Einstieg in die Führungsrolle, 2018, S. 232; *https://www.contur-online.de/de/blog/laterale-fuehrung.php,* Zugriff am 28.04.2019.

[46] Vgl. *Rißmann, M.,* Kooperationslernen in heterarchischen Teamstrukturen, 1997, S. 99; *Hofbauer, H., Knauer, A.,* Einstieg in die Führungsrolle, 2018, S. 214.

[47] Vgl. *Kühl, S., Matthiesen, K.,* Wenn man mit Hierarchie nicht weiterkommt, 2012, S. 534.

eines Konzernleiters.[48] Diese Führungsfunktionen können durchaus sehr verschieden gestaltet sein. Entscheidend für die Charakterisierung sind vorrangig die Personenanzahl der Geführten, das zugeteilte Maß an Führungsverantwortung und auf welcher Ebene die Zusammenarbeit stattfinden soll.[49]

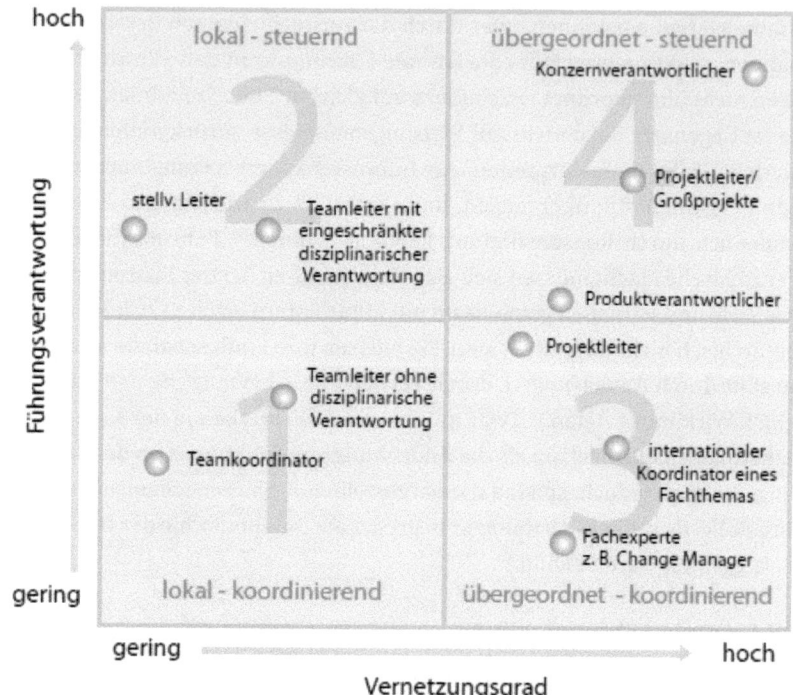

Abbildung 1: Matrix von Beispielen verschiedener Formen lateraler Führung
Quelle: *Hofbauer, H., Knauer, A.,* Einstieg in die Führungsrolle, 2018, S. 217

Abbildung 1 ist eine beispielhafte Darstellung, bei welchem Führungs-, bzw. Vernetzungsgrad typische laterale Führungspositionen einzuordnen sind. Die Unterscheidungskriterien hierfür sind lokal/übergeordnet und steuernd/koordinierend.[50] Für die jeweiligen Bezeichnungen der Führungsrollen in den Unternehmen, kann es natürlich durchaus unterschiedliche Verantwortungs- und Aufgaben-

---

[48] Vgl. *Hofbauer, H., Knauer, A.,* Einstieg in die Führungsrolle, 2018, S. 213; *https://www.contur-online.de/de/blog/laterale-fuehrung.php,* Zugriff am 28.04.2019.

[49] Vgl. *Hofbauer, H., Knauer, A.,* Einstieg in die Führungsrolle, 2018, S. 217.

[50] Vgl. *Hofbauer, H., Knauer, A.,* Einstieg in die Führungsrolle, 2018, S. 217.

zuordnungen geben. Die Funktion des Projektleiters kann bspw. mit umfangreichen Befugnissen und viel Verantwortung ausgestattet sein, oder nur eine Zielsetzung mit lediglich wenigen Befugnissen haben. Aufgrund der Unterschiedlichkeit der Anforderungsprofile, können die Führungsfunktionen der Quadranten eins bis drei als Führungsfunktion erster Ordnung und die des vierten Quadranten, zweiter Ordnung eingestuft werden. Funktionen erster Ordnung werden als vermeintlich weniger anspruchsvoll als hierarchisch legitimierte Führung betrachtet. Sie können u.U. als Training für spätere Führungsaufgaben dienen. Deutlich höhere Anforderungen stellen die Funktionen zweiter Ordnung, die sich im vierten Quadranten befinden. Hierfür wird üblicherweise ein gewisses Maß an Führungserfahrung benötigt, oder gar eine Einbindung in die Führungshierarchie, um den Herausforderungen gerecht werden zu können.[51]

Nachfolgend sollen beispielhaft die beiden, wohl am häufigsten in Unternehmen anzutreffenden, lateralen Führungsrollen kurz näher spezifiziert werden, um ein weitergehendes Verständnis für laterale Führungskräfte zu ermöglichen.

3.3.1 Projektleiter

Die Projektleitung gehört gem. den obigen Ausführungen zu den lateralen Führungsrollen erster Ordnung. Beispiele für ihre Kernaufgaben können der Abbildung 2 entnommen werden, bestehen im Wesentlichen jedoch aus der Koordination und Steuerung des Projektteams, wohlgemerkt üblicherweise ohne Verwendungsmöglichkeit hierarchischer Einflussmechanismen.[52] Darüber hinaus trägt der Projektleiter die Verantwortung für die Erreichung des Projektziels und somit für den wirtschaftlichen Erfolg des Projekts. Ihm obliegt es somit, das Team für die Dauer des Projektes zu ansprechenden Leistungen zu führen und zu motivieren. Das Aufgabenspektrum ist jedoch darüber hinaus um ein Vielfaches größer. Die Projektleitung muss in ihrer Funktion sorgsam strukturieren, planen, überwachen, und steuern. Sie muss im Bereich zwischenmenschlicher Aspekte vermitteln, Verhandlungen führen und entstehende Konflikte lösen, was auch der Beziehungsstruktur in Abbildung 2 zu entnehmen ist. Es gilt Themen adäquat zu analysieren,

---

[51] Vgl. *Hofbauer, H., Knauer, A.,* Einstieg in die Führungsrolle, 2018, S. 218; *Hofbauer, H., Knauer, A.,* Einstieg in die Führungsrolle, 2018, S. 232.

[52] Vgl. *Hofbauer, H., Knauer, A.,* Einstieg in die Führungsrolle, 2018, S. 220.

Strategien zu entwickeln, Entscheidungen zu fällen, Risiken zu erkennen und zu bewerten und Bericht zu erstatten.[53]

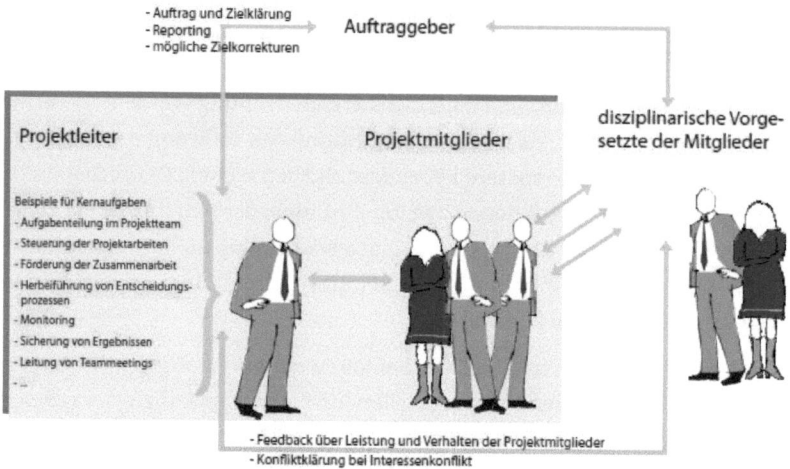

Abbildung 2: Verantwortlichkeiten, Aufgaben und Beziehungsstruktur eines Projektleiters (Beispiel)
Quelle: *Hofbauer, H., Knauer, A.,* Einstieg in die Führungsrolle, 2018, S. 220

3.3.2 Teamkoordinator

Zu den Führungsrollen erster Ordnung gehört ebenfalls die Teamkoordination. In dieser Führungsrolle delegiert zwar der Disziplinarvorgesetzte einen Teil der Verantwortung an den Teamleiter, hierarchische Weisungsbefugnis steht jedoch auch ihm üblicherweise nicht zur Verfügung. Analog zum Projektleiter obliegt es auch dem Teamkoordinator, durch angemessene Kommunikation und Verständigung sein Team zu einer bereitwilligen Leistungserbringung zu motivieren. Da sich sein Handlungsspektrum nicht automatisch durch ein umfangreich charakterisiertes Projekt ergibt, sollten seine Aufgaben klar und transparent definiert sein. Abbildung 3 stellt seine Kernaufgaben beispielhaft dar. Da er diverse Aufgaben der hierarchischen Führungskraft stellvertretend übernimmt, müssen die Erwartungen seiner Führungskraft an ihn, sowie sein Handlungsspielraum offen kommuniziert werden. Das gilt nicht nur für die Beziehung zwischen lateraler und disziplinarer Führungskraft, sondern gleichermaßen gegenüber dem zu leitenden Team, wie der

---

[53] Vgl. *Hemmrich, A., Harrant, H.,* Projektmanagement, 2016, S. 53-54; *https://www.mdi- training.com/blog/de/2015/04/02/laterales_fuehren_rollen/,* Zugriff am 28.04.2019.

Beziehungsstruktur in Abbildung 3 zu entnehmen ist. Nur so kann gewährleistet werden, dass er im Rahmen seiner, allen Beteiligten hinlänglich erläuterten, Möglichkeiten einen Austausch im und mit dem Team pflegen kann, der erfolgversprechend ist. Ebenso wie der Projektleiter muss er dann seine Einflussnahme so steuern, dass durch Vernetzung, Überzeugung und politisches Geschick die Ziele des Teams gemeinsam erreicht werden können.[54]

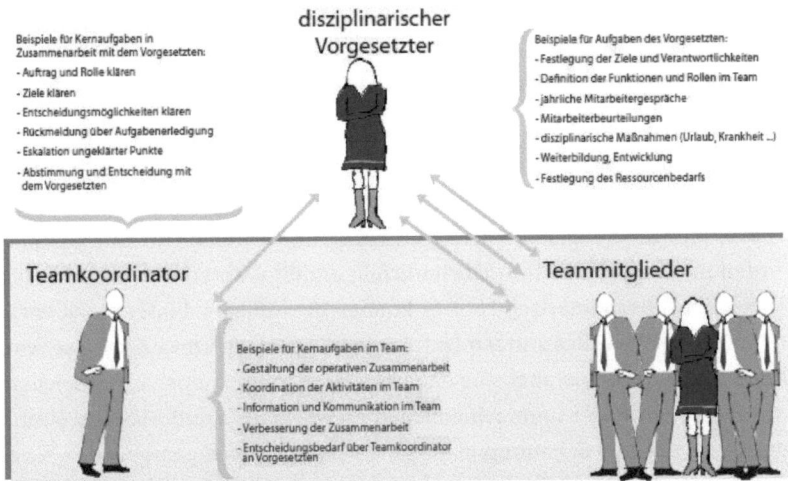

Abbildung 3: Verantwortlichkeiten, Aufgaben und Beziehungsstruktur eines Teamkoordinators (Beispiel)
Quelle: *Hofbauer, H., Knauer, A.,* Einstieg in die Führungsrolle, 2018, S. 219

3.4 Herausforderungen

Zwar sieht sich jede Führungsfunktion mit wesenseigenen Herausforderungen konfrontiert, bei lateralen Führungskräften gilt dies aufgrund der spezifischen Eigenschaften dieser Führungsrollen jedoch in besonderem Maße. Werden die erforderlichen Rahmenbedingungen nicht erfüllt, stoßen sie an die Grenzen ihrer Führungstätigkeit. Nachfolgend werden die wohl offenkundigsten Herausforderungen für laterale Führung behandelt. Es sei an dieser Stelle jedoch erwähnt, dass es je

---

[54] Vgl. *Hofbauer, H., Knauer, A.,* Einstieg in die Führungsrolle, 2018, S. 219; *https://www.mdi-training.com/blog/de/2015/04/02/laterales_fuehren_rollen/*, Zugriff am 28.04.2019.

nach situativer Gegebenheit durchaus mehr, bzw. weniger Herausforderungen gibt, die ihrerseits auch anders ausgestaltet sein können, als unten ausgeführt.[55]

Bei der Zusammenarbeit verschiedener Organisationseinheiten ist es nicht immer eindeutig, wem welche Zuständigkeiten und Kompetenzen zuzuordnen sind. Wirken mehrere Beteiligte an der Zielerreichung mit, bestehen mitunter Unstimmigkeiten über den Umfang der eigenen Verantwortung, oder Entscheidungskompetenz. Erfolgen hierbei keine klare Kommunikation und Regelung vorab, entstehen Unsicherheiten bei den Mitwirkenden, die letztlich in Zurückhaltung gipfeln und die Zusammenarbeit gefährden können.[56]

Im Gegensatz zu einem Disziplinarvorgesetzten, hat eine laterale Führungskraft zumeist nicht die Möglichkeit, die Mitarbeiterauswahl des zu leitenden Teams oder Projektes selbst zu treffen, bzw. daran mitzuwirken. Folglich muss mit den Mitarbeitern, die für die anstehenden Aufgaben zur Verfügung stehen ausgekommen werden und der maximal mögliche Erfolg erzielt werden. Ohne Verfügungsmöglichkeit über disziplinarische Mittel, können die Kollegen in der meist kurzen Zeit und mit limitierten Ressourcen i.d.R. auch nicht in gewünschter Weise weiterentwickelt werden. Es gestaltet sich ohnehin schon problematisch, ein gleichermaßen gutes Verständnis der unterschiedlichen Eigenschaften und Arbeitsweisen von allen Beteiligten, zur Schaffung einer guten Basis für das gemeinsame Agieren, zu erlangen. Ein Umstand, der umso schwerer wiegt, da die laterale Führungsfunktion ebenfalls vor der Aufgabe steht, aus dem mit verschiedenen Charakteren besetzten, heterogenen Team eine zielgerichtete und kooperative Einheit zu formen.[57]

Um auf das Verhalten eines Mitarbeiters verändernd einzuwirken, steht Disziplinarvorgesetzten mindestens das mittlerweile flächendeckend institutionalisierte, jährliche Mitarbeitergespräch zur Verfügung.[58] Ganz im Gegensatz zu lateralen Führungskräften, die bei meist nur limitierten Zeitressourcen, wenn überhaupt, nur auf Feedback zurückgreifen können. Die Schwierigkeit hierbei ist es, das Gespräch als Gleichgestellter kollegial und wertschätzend zu führen und dennoch die Kritik klar anzubringen.[59] Kritik am Verhalten, oder der Arbeitsweise hört letztlich

---

[55] Vgl. *Hofbauer, H., Knauer, A.,* Einstieg in die Führungsrolle, 2018, S. 231.

[56] Vgl. *Hofbauer, H., Knauer, A.,* Einstieg in die Führungsrolle, 2018, S. 232.

[57] Vgl. *Stöwe, C., Keromosemito, L.,* Führen ohne Hierarchie - Laterale Führung, 2013, S. 11-12.

[58] Vgl. *Stöwe, C., Keromosemito, L.,* Führen ohne Hierarchie - Laterale Führung, 2013, S. 69.

[59] Vgl. *Stöwe, C., Keromosemito, L.,* Führen ohne Hierarchie - Laterale Führung, 2013, S. 99-100.

kein Kollege gern. Es erfordert Geschick, um mit diesen Mitteln eine gewünschte, kurzfristige Veränderung am Verhalten des Gesprächspartners herbeizuführen.[60]

Einem mangelhaft mitwirkenden Teamkollegen können, aufgrund der fehlenden Möglichkeit disziplinarische Maßnahmen zu ergreifen, keine bzw. nur leichte Konsequenzen in Aussicht gestellt werden. Bei uneinsichtigen Gesprächspartnern bleibt der lateralen Führung in letzter Instanz häufig nur den hierarchisch Vorgesetzten zu involvieren. So mag zwar eine Verhaltensänderung erwirkt werden können, jedoch leidet häufig in diesen Fällen nachhaltig das Verhältnis zu dem Kollegen. Er fühlt sich im Zuge der Eskalation an den Vorgesetzten womöglich verpetzt und in ein falsches Licht gerückt. Es besteht die Möglichkeit, dass die Zusammenarbeit danach nur noch wenig kollegial gestaltet werden kann.[61]

Wenig Handlungsspielraum besteht auch im Bereich der Motivation und Belohnung. Es mangelt eben nicht nur an der disziplinarischen Weisungsbefugnis, sondern auch an der Möglichkeit Anreize zu schaffen und sich für Geleistetes erkenntlich zu zeigen. Anders als ein hierarchisch Vorgesetzter, kann eine laterale Führungsfunktion keine monetären Vergütungen steuern, Urlaube genehmigen, oder Beförderungen aussprechen. Über anerkennende Worte und motivierende Ansprachen hinaus, sind seine Möglichkeiten vergleichsweise eingeschränkt.[62]

Nicht zuletzt wegen der vorangehend beschriebenen, geringen Wirkungssphäre bei der Sanktionierung und Belohnung der Mitarbeiter, entbehrt es einer starken Positionsautorität, die eine mitunter dürftige Akzeptanz der jeweiligen lateralen Führungskraft nach sich ziehen kann.[63]

Sofern zum Mittel der Eskalation gegriffen wird, ist die laterale Führungskraft der Mitwirkungsbereitschaft des Disziplinarvorgesetzten ausgesetzt. Kommt dieser seiner Führungsverantwortung nicht, oder nicht ausreichend nach, indem er bspw. zurückdelegiert, stößt laterale Führung hier an ihre Grenzen.[64] Ausgangspunkt einer solchen Misere kann aber auch der Vorgesetzte sein. Um möglicherweise eigene Führungsdefizite zu verbergen, gibt er ihm obliegende Aufgaben, die er selbst

---

60 Vgl. *https://www.contur-online.de/de/blog/laterale-fuehrung.php*, Zugriff am 28.04.2019.

61 Vgl. *Stöwe, C., Keromosemito, L.*, Führen ohne Hierarchie - Laterale Führung, 2013, S. 161-162.

62 Vgl. *Stöwe, C., Keromosemito, L.*, Führen ohne Hierarchie - Laterale Führung, 2013, S. 37.

63 Vgl. *https://www.haufe.de/personal/hr-management/laterale-fuehrung-fuehren-ohne-fuehrungsfunktion-wird-wichtiger_80_306786.html*, Zugriff am 31.03.2019.

64 Vgl. *Hofbauer, H., Knauer, A.*, Einstieg in die Führungsrolle, 2018, S. 231.

bisweilen nicht bewältigen kann bzw. möchte an die nichtdisziplinarische Führung weiter und überfordert sie damit womöglich.[65]

Als nichtdisziplinarische Führungskraft stellen Konflikte ohnehin ein intensives Spannungsfeld dar. Sie müssen frühzeitig erkannt, korrekt interpretiert und scharfsinnig gelöst werden.[66] Aber bereits die potenzielle Menge an Konflikten kann erschlagend sein. Neben den zwischenmenschlichen, fachlichen und organisatorischen Themen sind es v.a. intransparente Rahmenbedingungen, die enormes Konfliktpotenzial bergen. Sind bspw. Ziele, Aufgaben, Zuständigkeiten, Kompetenzen und Handlungsspielräume nicht, oder nicht ausreichend abgeklärt worden, sind Störungen im Arbeitsablauf geradezu vorprogrammiert.[67] Eine entsprechende Konfliktfähigkeit verlangt vorausschauendes Denken und politisches Geschick, um Konflikten idealerweise vorzubeugen, sie ohne Einsatz von Machtmitteln zu lösen und nicht zuletzt dem einhergehenden Druck standzuhalten.[68]

Unabhängig davon wie fähig und kompetent eine laterale Führungskraft sein mag, ringt ihr Handeln stets mit der vorherrschenden Unternehmenskultur ihres Arbeitgebers. Selbst wenn sie grundsätzlich partizipativ und kooperativ ausgerichtet ist, wird sie vielleicht nicht in jeder einzelnen Organisationseinheit auch so ausgelebt. Sie könnte aber auch völlig konträr dazu, sehr direktiv, formal und strukturgebunden sein und somit den offenen Austausch erschweren.[69]

Für die laterale Führung gilt es ein breites Spektrum an Fähigkeiten abdecken zu können, um allen Aspekten dieser Tätigkeit gerecht werden zu können. Hierfür bedarf es spezifischer Schulung, der in Unternehmen z.T. noch zu wenig, beziehungsweise keine Beachtung zukommt. Die Betroffenen sind gezwungen durch eigene Praxiserfahrungen zu lernen und sich zu entwickeln.[70]

Die vorangehend aufgeführten Sachverhalte resümierend, lässt sich abschließend dazu noch festhalten, dass allein schon die schiere Menge an potenziellen

---

[65] Vgl. *Hofbauer, H., Knauer, A.,* Einstieg in die Führungsrolle, 2018, S. 231.

[66] Vgl. *https://www.contur-online.de/de/blog/laterale-fuehrung.php,* Zugriff am 28.04.2019.

[67] Vgl. *Stöwe, C., Keromosemito, L.,* Führen ohne Hierarchie - Laterale Führung, 2013, S. 115-116.

[68] Vgl. *https://www.contur-online.de/de/blog/laterale-fuehrung.php,* Zugriff am 28.04.2019.

[69] Vgl. *Hofbauer, H., Knauer, A.,* Einstieg in die Führungsrolle, 2018, S. 232.

[70] Vgl. *https://www.haufe.de/personal/hr-management/laterale-fuehrung-fuehren-ohne- fuehrungsfunktion-wird-wichtiger_80_306786.html,* Zugriff am 31.03.2019.

Problemstellungen und die Vielfalt an handzuhabenden Prioritäten die laterale Führung zu einer sehr herausfordernden Disziplin machen.[71]

---

[71] Vgl. *https://www.haufe.de/personal/hr-management/laterale-fuehrung-fuehren-ohne- fuehrungsfunktion-wird-wichtiger_80_306786.html,* Zugriff am 31.03.2019.

4 Wesentliche Erfolgsfaktoren lateraler Führung

Hierarchischen ebenso wie nichthierarchischen Führungskräften sind Befugnisse und Ressourcen zur Bewältigung ihrer Aufgaben zugeteilt. Innerhalb dieser Grenzen erfolgt die Einflussnahme auf die zu führenden Mitarbeiter und Teams. Im Gegensatz zu Disziplinarvorgesetzten, ist lateralen Führungskräften ein deutlich geringerer Gestaltungsspielraum gegeben.[72] Trotz dieser Einschränkung, stehen der nichtdisziplinarischen Führung adäquate Werkzeuge zur erfolgsorientierten Mitarbeiterbeeinflussung zur Verfügung. Neben den selbst zu steuernden, gibt es auch Aspekte der lateralen Führung, die nicht, oder nur schwer vom Positionsinhaber beeinflusst werden können. Darüber hinaus wirken sich auch persönliche Eigenschaften und Kompetenzen des Positionsinhabers auf seine Führungstätigkeit aus.[73] Nachfolgend soll erläutert werden, welche Faktoren als wesentlich für den Erfolg lateraler Führung anzusehen sind.

4.1 Persönlichkeit und Kompetenzen

In Anlehnung an den in Kapitel 2.2.1 erläuterten Eigenschaftsansatz, der als populärer Gegenstand der Führungsforschung gilt, ist die betreffende Person selbst als ein zentraler Faktor für erfolgreiche laterale Führung zu sehen. Ihre Fähigkeiten, Unfähigkeiten, Handlungsweisen und persönliche Ausrichtung haben unmittelbaren Einfluss auf die Führungsakzeptanz bei den beteiligten Organisationseinheiten, sowie den Führungserfolg mit ihnen. Laut dem in Kapitel 2.2.3 dargestellten situationsorientierten Ansatz der Führungsforschung, bedarf es neben den adäquaten persönlichen Eigenschaften, jedoch auch einer flexiblen Anpassung des Führungsverhaltens an die jeweilige Situation.[74] Demnach sind also eine entsprechende Persönlichkeit, Qualifikation und Handlungsweise der lateralen Führungskraft, wesentliche Voraussetzungen für das Eintreten des gewünschten Mitarbeiterverhaltens und der daraus resultierenden, erfolgreichen Zusammenarbeit.[75]

---

[72] Vgl. *Steiger, T.,* Leistung und Verhalten beeinflussen, 2013, S. 115.

[73] Vgl. *https://www.haufe.de/personal/hrmanagement/laterale-fuehrung-fuehren-ohne-fuehrungsfunktion-wirdwichtiger_80_306786.html,* Zugriff am 31.03.2019.

[74] Vgl. *Steiger, T.,* Das Rollenkonzept der Führung, 2013, S. 44.

[75] Vgl. *Zuehlke, R.,* Das Prinzip „laterale Führung", 2008, S. 53.

4.1.1 Koordination und Strukturierung

Wie in Kapitel 1 dargelegt, sehen sich Organisationen mit immer vielschichtigeren Themen- und Aufgabenbereichen konfrontiert, die in komplexeren und fachbereichsübergreifenden Projekten und Arbeitsgruppen behandelt werden müssen. Auch die Führungsebenen und somit die lateralen Führungspositionen sind hiervon betroffen. Um diesem Umstand effektiv entgegentreten zu können, bedarf es eines ausgeprägten organisatorischen und koordinativen Geschicks. Mit Hilfe eines Organisationstalentes kann die laterale Führungskraft strukturierte Rahmenbedingungen gestalten, die es nicht nur allen Beteiligten ermöglichen und erleichtern auf die gemeinsamen Ziele hinzuarbeiten, sondern auch Vertrauen für die weitere Zusammenarbeit schaffen.[76]

4.1.2 Kooperationsfähigkeit

Da der lateralen Führungskraft die Möglichkeit Weisungen zu erteilen nicht zur Verfügung steht, ist sie zur Zielerreichung auf eine gelingende Kooperation mit den beteiligten Mitarbeitern bzw. Organisationseinheiten angewiesen. Daher ist ihre Kooperationsfähigkeit maßgeblich für das Definieren und Verfolgen gemeinsamer Ziele, die Zuweisung von Aufgaben und Verantwortung, sowie das Schließen erforderlicher Kompromisse im Sinne der gemeinsamen Zielerreichung.[77]

Durchsetzungsfähigkeit

Nachdem die Durchsetzung von Interessen der lateralen Führung bei der nicht gegebenen hierarchischen Weisungsbefugnis an ihre Grenzen stößt, fußt das Durchsetzungsvermögen auf der Fähigkeit andere von relevanten Aspekten zu überzeugen, um sie letztlich durchsetzen zu können.[78] Dies erfordert ein ausreichendes Fachwissen um den zur Diskussion stehenden Sachverhalt, ebenso wie wahrnehmbare persönliche Autorität.[79] Um jedoch argumentativ überzeugen zu können, ist es vor allem erforderlich, dem Diskussionspartner den Sinn und Nutzen hinter den präsentierten Ansichten zu vermitteln, um sie somit in den Radius seines persönlichen Interesses zu rücken. Auf diese Weise kann erreicht werden, dass ein

---

76 Vgl. *Regnet, E.*, Der Weg in die Zukunft, 2003, S. 57; *Hug, B.*, Wie funktionieren Arbeitsgruppen?,2013, S. 336.

77 Vgl. *Zuehlke, R.*, Das Prinzip „laterale Führung", 2008, S. 52.

78 Vgl. *Pantalon, M. V.*, Motivation, 2015, S. 24.

79 Vgl. *Jochum, E.*, „Laterale" Führung und Zusammenarbeit, 2003, S. 434; *Zuehlke, R.*, Das Prinzip „laterale Führung", 2008, S. 53.

Mitarbeiter trotz des Ausbleibens einer disziplinarischen Weisung, die Zielerreichung mit dem gewünschten Enthusiasmus unterstützt.[80]

4.1.3 Konfliktfähigkeit

Wie in Kapitel 3.4 bereits erwähnt, stellen Konflikte ein intensives Spannungsfeld für eine nichtdisziplinarische Führungskraft dar. Sie sind steter Bestandteil der alltäglichen Interaktion in Organisationen.[81] Umso erfolgsförderlicher ist es, sich einer guten Konfliktfähigkeit rühmen zu können. Basis hierfür ist ein frühzeitiges Erkennen und offenes Ansprechen von Konflikten. Auch sollte die laterale Führungskraft den Prozess der Lösung geduldig begleiten und nicht überhastet intervenieren. Eine Klärung im Sinne der gemeinsamen Ziele gelingt vorrangig mit Hilfe von Kompromissen, Vermittlung zwischen den Streitparteien, Beseitigung von etwaigen Missverständnissen untereinander, oder der Herstellung von Konsens über relevante Konfliktthemen.[82]

4.1.4 Kritikfähigkeit

Als nicht formell Vorgesetzter, befindet sich die laterale Führungskraft in einem stetigen Aushandlungsprozess mit den beteiligten Kollegen und womöglich auch den disziplinarisch Vorgesetzten.[83] Um diesen Prozess stets konstruktiv und sachlich zu führen, bedarf es solider Kritikfähigkeit. Nur so können Konflikte emotionsbefreit und sachlich ausgetragen und gelöst werden. Dies gilt es zu beachten, da erfolgreiche laterale Führung stets auch von dem guten Gelingen eines zwischenmenschlichen Austauschs abhängig ist.[84]

4.1.5 Kommunikationsfähigkeit

Kommunikation ist grundsätzlich als eine der zentralen Führungsaufgaben einzustufen. Dies gilt unabhängig davon, ob es sich um laterale, oder disziplinarische Führung handelt. Wie allerdings in Kapitel 3.2 umrissen, hat eine ausgeprägte Kommunikationskompetenz aufgrund der fehlenden, bzw. sehr eingeschränkten hierarchischen Mittel, jedoch besondere Relevanz für den Erfolg der lateralen

---

[80] Vgl. *Zuehlke, R.,* Das Prinzip „laterale Führung", 2008, S. 53.

[81] Vgl. *Steiger, T.,* Leistung und Verhalten beeinflussen, 2013, S 120.

[82] Vgl. *Hug, B.,* Wie funktionieren Arbeitsgruppen?, 2013, S. 339-341.

[83] Vgl. *della Picca, M., Spisak, M.,* Psychologische Grundlagen für Führungskräfte, 2013, S. 108; *Regnet, E.,* Der Weg in die Zukunft, 2003, S. 63.

[84] Vgl. *Jochum, E.,* „Laterale" Führung und Zusammenarbeit, 2003, S. 434.

Führungskraft.[85] Eine angemessene Ausprägung dieser Fähigkeit umfasst, neben der zielgerichteten Verwendung und Deutung nonverbaler Signale, insbesondere eine offene und klare Kommunikation, die sensible Formulierung von Kritik und Anerkennung, sowie einen gemeinschaftsorientierten Sprachgebrauch, um gemeinsame Aufgaben und Verantwortung hervorzuheben.[86]

4.1.6 Persönliche Autorität

Der unter Punkt 2.2.1 thematisierte Eigenschaftsansatz sieht die Persönlichkeit des führenden als vorrangig für den Führungserfolg an. Hierbei wird der persönlichen Autorität der Führungskraft große Bedeutung beigemessen.[87] Dies gilt in gleichem Maß für laterale Führung. Gemeint ist damit jedoch kein autoritäres Gebaren, sondern ein fester Charakter, der eine selbstbewusste Ausstrahlung und ein gewisses Charisma an den Tag legt. Somit können Mitarbeiter durch das Auftreten, anstatt durch disziplinarische Mittel überzeugt werden.[88] Charaktere mit einer starken persönlichen Autorität kämpfen allerdings häufig mit dem Vorwurf der Arroganz und müssen ihre Außenwirkung diesbezüglich gut konditionieren können.[89]

4.1.7 Fähigkeit Verantwortung abgeben zu können

Wie den Herausforderungen unter Punkt 3.4 entnommen werden kann, sind die Mittel, die einer lateralen Führungskraft zur Verfügung stehen andere, als bei der hierarchischen Führung. Partizipation nimmt hierbei einen großen Stellenwert ein. Um betroffene Kollegen partizipativ und kooperativ zu führen ist es erforderlich, auch mal Verantwortung an sie abgeben zu können, den damit einhergehenden Kontrollverlust zu ertragen und ihn vielmehr als Vertrauensbeweis an die Kollegen zu sehen.[90] Das ‚Können' bezieht sich hierbei einerseits auf die laterale Führungskraft, die bei allem Eifer und Engagement auch Vertrauen in die Kollegen haben muss, um ihnen die übertragenen Aufgaben zuzutrauen und andererseits auf

---

[85]   Vgl. *Frielingsdorf, A.,* Storytelling, 2013, S. 264.
[86]   Vgl. *Boneberg, I.,* Kommunikation, 2013, S. 238.
[87]   Vgl. *Steiger, T.,* Das Rollenkonzept der Führung, 2013, S. 51.
[88]   Vgl. *Radatz, S.,* Führen ohne „Führungsmacht", 2009, S. 3; *Steiger, T.,* Das Rollenkonzept der Füh-rung, 2013, S. 52.
[89]   Vgl. *Kuhn, T., Weibler, J.,* Führungsethik in Organisationen, 2012, S. 137.
[90]   Vgl. *Edding, C., Schattenhofer, K.,* Handbuch Alles über Gruppen, 2009, S. 117.

ebendiese Kollegen, die sich fachlich dazu in der Lage sehen sollten und deren zeitliche Ressourcen stets wertschätzend anzuerkennen sind.[91]

4.1.8 Fähigkeit zur Empathie

Wie im Kapitel 3.2 bereits dargelegt, sind laterale Führungskräfte zur Interessensdurchsetzung auf ein kollegiales und vertrauensvolles Miteinander mit den Kollegen angewiesen.[92] Um die hierfür erforderlichen, guten zwischenmenschlichen Beziehungen adäquat zu pflegen, empfiehlt sich eine ausgeprägte Fähigkeit zur Empathie. Die persönlichen Gefühlslagen und Emotionen des Gegenübers treffsicher erkennen, deuten und verstehen zu können, schafft die Möglichkeit angemessen und einfühlsam darauf zu reagieren. Wichtig hierbei ist, dass das gezeigte Interesse und Verständnis stets aufrichtig und ehrlich gemeint sind, um den Gesprächspartner nicht zu kränken und die eigene Glaubwürdigkeit nicht zu gefährden.[93]

4.1.9 Fachkompetenz

Neben den oben genannten erfolgsrelevanten Fähigkeiten einer lateralen Führungskraft, ist nicht zuletzt auch ein umfangreiches Fachwissen hilfreich für das Gelingen einer nichtdisziplinarischen Führung. Ist die Führungskraft zwar ohne Weisungsbefugnis, aber mit Fachverantwortung ausgestattet, so ist es oftmals erforderlich fachliche Entscheidungen zu treffen. Im Stande zu sein, dies in einem gewissen Rahmen selbstständig zu tun, bzw. den zu führenden Mitarbeitern Entscheidungen auch abnehmen zu können und sich an einem fachlichen Diskurs intensiv beteiligen zu können, stärkt die eigene Position vor den Kollegen und trägt nicht unwesentlich zum Führungserfolg bei.[94]

4.2 Rahmenbedingungen

Wie bereits in Kapitel 3.4 erwähnt, gibt es auch Faktoren, die eine laterale Führungskraft nicht zwingend selbst in der Hand hat. Gem. den Ausführungen in Kapitel 2.2.2 zum Systemansatz, sind sie jedoch ebenfalls ausschlaggebend für den Führungserfolg. Diese Rahmenbedingungen müssen vorrangig vom nächsthöheren

---

[91] Vgl. *Rühle, H.,* Zeitmanagement, 2003, S. 135.

[92] Vgl. *Kühl, S., Matthiesen, K.,* Wenn man mit Hierarchie nicht weiterkommt, 2012, S. 534; .*Hofbauer, H., Knauer, A.,* Einstieg in die Führungsrolle, 2018, S. 214.

[93] Vgl. *Jochum, E.,* „Laterale" Führung und Zusammenarbeit, 2003, S. 432.

[94] Vgl. *Jochum, E.,* „Laterale" Führung und Zusammenarbeit, 2003, S. 430.

Disziplinarvorgesetzten bzw. von der Organisation gewinnbringen gestaltet und transparent kommuniziert werden.[95]

Bereits vor Antritt der lateralen Führungsposition sollte eine angemessene Vorbereitung auf die anstehenden Aufgaben stattgefunden haben. Dies beinhaltet eine umfangreiche Schulung und Einarbeitung auf die Führungsposition, bspw. durch Fort- und Weiterbildungsmaßnahmen. Auch die fachliche Einführung sollte in diesem Zusammenhang nicht zu kurz kommen, um ausreichend Fachkompetenz vorweisen bzw. aufbauen zu können. Auch muss Klarheit über den originären Auftrag, die Befugnisse, Ressourcen und Verantwortlichkeiten der Position herrschen.[96] Ebenso muss ein einheitliches Verständnis darüber bestehen, wann die laterale Führung ihre Mittel aufgebraucht hat und die Möglichkeit in Anspruch nehmen kann, den Disziplinarvorgesetzten zu involvieren, um notwendige Interessen durchzusetzen.[97]

Auch den später zu führenden Mitarbeitern müssen der Stellenwert, sowie die Kernaufgaben und Ziele der lateralen Führungskraft klar und verständlich kommuniziert werden. Die Organisation, bzw. die disziplinarische Führung legitimiert auf diese Weise die Position und den Positionsinhaber. Diese Legitimation und die Transparenz darüber wie die Position der lateralen Führungskraft ausgestaltet ist, ist maßgeblich für eine erfolgreiche Kooperation mit den beteiligten Kollegen.[98]

Formalitäten wie Arbeitszeiten, die Anzahl der zugeordneten Mitarbeiter und die zugewiesenen Räumlichkeiten und Materialien müssen ebenfalls festgelegt und kommuniziert sein, im Idealfall bereits vor Antritt der lateralen Führungsposition. Letztlich sind ebendiese Bestimmungen maßgebend dafür, ob und wie die gestellten Aufgaben und Anforderungen für die nichtdisziplinarische Führung zu bewältigen sind.[99]

Zur Zielerreichung genügt es aber nicht nur, die oben genannten Regelungen zu treffen und zu kommunizieren. Sie müssen darüber hinaus sorgsam abgewogen und konditioniert sein. Sie dürfen nicht zu spärlich ausfallen und einfach

---

95 Vgl. *https://www.haufe.de/personal/hrmanagement/laterale-fuehrung-fuehren-ohne-fuehrungsfunktion- wirdwichtiger_80_306786.html*, Zugriff am 31.03.2019.

96 Vgl. *Jochum, E.*, „Laterale" Führung und Zusammenarbeit, 2003, S. 437.

97 Vgl. *Steiger, T.*, Das Rollenkonzept der Führung, 2013, S. 51.

98 Vgl. *Radatz, S.*, Führen ohne „Führungsmacht", 2009, S. 1-2; *Edding, C., Schattenhofer, K.*, HandbuchAlles über Gruppen, 2009, S. 104.

99 Vgl. *Kuhn, T., Weibler, J.*, Führungsethik in Organisationen, 2012, S. 132.

zugänglich für die laterale Führung sein, um ihr die Zielerreichung nicht zu erschweren, bzw. schlimmstenfalls sogar unmöglich zu machen.[100]

Eine weitere Rahmenbedingung, die relevant für das erfolgreiche laterale Führen ist, ist die auch bereits im Kapitel 3.4 angesprochene Unternehmenskultur. Diese sollte in Anlehnung an die Erfordernisse der lateralen Führung ebenfalls kooperativ und partizipativ ausgerichtet sein, um zum lateralen Führungserfolg beizutragen. In diesem Zusammenhang tut die nichtdisziplinarische Führungskraft gut daran sich aktiv einzubringen und zu beteiligen. Durch Beziehungsarbeit, rege Kommunikation und Empathie können Erkenntnisse darüber gewonnen werden, wie intensiv die Unternehmenskultur in den einzelnen Bereichen ausgelebt wird. Auch können somit kleine Rituale und Gepflogenheiten entlarvt werden, die die Unternehmenskultur nicht abdeckt, die aber für das jeweilige Team zum kollegialen Miteinander beitragen, wie bspw. das Mitbringen von Kuchen an Geburtstagen. Gelingt es der lateralen Führung sich hier gut zu integrieren, so fördert dies das Vertrauen untereinander und stärkt ihre Position unter den Kollegen.[101]

Ein Teilbereich der Rahmenbedingungen in dem sich die laterale Führung primär wieder stark mit einbringen sollte, ist die Definition des gemeinsamen Ziels. Dies geschieht üblicherweise in mehreren Ebenen. Zunächst einmal macht die Organisation eine Zielvorgabe und diese wird ggf. von der Disziplinarführung mit ihren individuellen Vorstellungen erweitert. Doch auch die Zielvorstellungen der lateralen Führung, wie möglicherweise Karrierebestrebungen, sowie die persönlichen Ziele der einzelnen Teammitglieder, wie möglicherweise Arbeitsentlastung, müssen bei der Zieldefinition zusammengeführt werden. Um möglichst alle Beteiligten und ihre Zielvorstellungen zu berücksichtigen, muss die Zielfindung gemeinsam erfolgen. Nur so ist die Wahrscheinlichkeit am höchsten, den kleinsten gemeinsamen Nenner zu identifizieren und eine von allen Seiten möglichst tatkräftige und konstruktive Unterstützung zur Zielerreichung zu ermöglichen. Von diesem ersten Schritt an kann dann kontinuierlich weiterentwickelt und ausgehandelt werden, von der Erreichung kleinerer Zwischenziele, bis hin zur Erreichung langfristiger und

---

[100] Vgl. *Jochum, E.,* „Laterale" Führung und Zusammenarbeit, 2003, S. 431.
[101] Vgl. *Steiger, T.,* Das Rollenkonzept der Führung, 2013, S. 50.

großer Ziele.[102] Die Beteiligung der Mitarbeiter an der Zielentwicklung zeugt von einem kooperativen Führungsstil und ist gleichermaßen Vertrauensbeweis, wie auch Motivation für die betroffenen Kollegen.[103]

Darüber hinaus unterliegt die Zielfindung noch weiteren Abhängigkeiten. Die gemeinsam formulierten Ziele sollten stets realistisch, terminiert und akzeptiert sein. Außerdem unterliegen alle Beteiligten einer fortwährenden Entwicklung. Personen, Organisationen, Ziele und Interessen entwickeln sich kontinuierlich weiter, sodass eine regelmäßige Überprüfung und Anpassung der Ziele möglich sein müssen. Dies gelingt nur indem sie sichtbar und messbar für alle Beteiligten gemacht werden. Die Zielfindung kann also nicht final abgeschlossen werden, sondern muss als Prozess verstanden werden.[104]

Wie auch schon bei den Formalitäten, genügt es jedoch nicht die Ziele lediglich zu formulieren und zu kommunizieren. Die Mitarbeiter müssen sich mit ihnen identifizieren können. Dies gelingt vorrangig durch das Schaffen von Verständnis über den Sinn und Zweck der Ziele, sowie durch Transparenz, also die Preisgabe aller erforderlichen Informationen und Handlungsmöglichkeiten.[105]

Die Position der lateralen Führungskraft bringt es mit sich, dass sie sich im Prozess der Zieldefinition in der agilen Rolle eines Beteiligten, Rahmen- und Ideengebers, Initiators und Informanten zurecht finden muss und stets eine Brücke zwischen Organisation, Führung und Mitarbeitern schlagen können sollte.[106]

4.3 Mitarbeiter und Teams

Wie bereits mehrfach dargelegt, hängt erfolgreiche laterale Führung maßgeblich von einem konstruktiven und kooperativen Miteinander ab. Die Einflussmöglichkeiten der nichthierarchischen Führung hierauf, werden durch das Verhalten der Kollegen begrenzt. Denn auch die geführten Mitarbeiter und Teams haben

---

102 Vgl. *Jochum, E.,* „Laterale" Führung und Zusammenarbeit, 2003, S. 431; *Stöwe, C., Keromosemito, L.,* Führen ohne Hierarchie - Laterale Führung, 2013, S. 38.

103 Vgl. *Edding, C., Schattenhofer, K.,* Handbuch Alles über Gruppen, 2009, S. 117.

104 Vgl. *Lerche, W., Wollmer, B., Engel, R.,* Projekte sozialer Arbeit, 2004, 65; *Steiger, T.,* Das Rollenkon- zept der Führung, 2013, S. 50.

105 Vgl. *von Rosenstiel, L.,* Motivation von Mitarbeitern, 2003, S. 205; *Radatz, S.,* Führen ohne „Führungs-macht", 2009, S. 2.

106 Vgl. *Jochum, E.,* „Laterale" Führung und Zusammenarbeit, 2003, S. 430; *Steiger, T.,* Das Rollenkon- zept der Führung, 2013, S. 49-51.

wesentlichen Einfluss auf diese Zusammenarbeit. Mitarbeiter können entgegen jeder Bemühung der Führung, Widerstände aufbauen und die Kooperation erschweren.[107]

Laterale Führung findet meist in Teams bzw. Gruppen statt. Allein schon die Wahl der Mitgliederanzahl kann sich situationsabhängig herausfordernd gestalten. Es gilt abzuwägen, ob eine größere Gruppe aufgrund der vielen Beteiligten von Vorteil ist, oder eine kleinere Gruppe nicht u.U. schlagkräftiger agieren kann. Auch muss die Verfügbarkeit aller Teilnehmer berücksichtigt werden.[108] Gelingt es der lateralen Führung bei allen Teammitgliedern ein Zugehörigkeitsgefühl zu erzeugen, so wirkt sich dies positiv auf deren Engagement aus. Die Akzeptanz der zusammengestellten Gruppe und des Auftrages ist Grundlage für die Annahme der hierarchielosen Führung und die erfolgreiche Kooperation.[109] Zu beachten ist bei harmonischen Gruppen jedoch, dass eine zu hohe Harmoniebedürftigkeit der Mitglieder problematisch für einen kritischen Meinungsaustausch sein kann. Für eine erfolgreiche Zielerreichung sollte eine sachliche Aufgabenorientierung trotz eines guten Gruppenklimas stets im Vordergrund stehen.[110] Zur dauerhaften Erhaltung effizienter Leistung sollte, analog den Ausführungen in Kapitel 4.2, die Zielfindung und -überprüfung ein fortwährender Prozess sein, der alle involvierten Personen und Organisationseinheiten beteiligt.[111]

Als eine weitere erfolgsrelevante Entscheidung, stellt sich die Auswahl der einzelnen Teammitglieder dar. Ist themenbedingt eine eher heterogene Zusammenstellung der Gruppe erforderlich, so ist davon auszugehen, dass die Interessen der einzelnen Beteiligten neben deren persönlichen Zielen, auch durch die Zugehörigkeit zu unterschiedlichen Organisationseinheiten geprägt sind. Ein Umstand, der den Prozess der Zielfindung zusätzlich erschweren kann.[112] Darüber hinaus besteht die Gefahr der geringen Identifikation mit der Gruppe und dem Auftrag, da die originären Tätigkeiten der Mitglieder möglicherweise zu weit auseinander liegen. Dem muss die laterale Führung empathisch entgegenwirken. Hinzu kommt, dass die laterale Führung in ihrer Funktion als Teamleitung somit zwischen mehreren

---

[107] Vgl. *Stöwe, C., Keromosemito, L.,* Führen ohne Hierarchie - Laterale Führung, 2013, S. 11-12.

[108] Vgl. *Regnet, E.,* Der Weg in die Zukunft, 2003, S 61.

[109] Vgl. *Edding, C., Schattenhofer, K.,* Handbuch Alles über Gruppen, 2009, S. 374.

[110] Vgl. *Rißmann, M.,* Kooperationslernen in heterarchischen Teamstrukturen, 1997, S. 104.

[111] Vgl. *Edding, C., Schattenhofer, K.,* Handbuch Alles über Gruppen, 2009, S. 335.

[112] Vgl. *Radatz, S.,* Führen ohne „Führungsmacht", 2009, S. 1.

disziplinarisch Vorgesetzten und deren verschiedenen Interessen vermitteln können muss.[113]

Wünschenswert ist also eine wohlüberlegte und auf die Aufgaben abgestimmte Zusammenstellung einer Gruppe. Doch nicht immer obliegt dies der lateralen Führung. Häufig werden Teams seitens der Organisation bzw. von hierarchisch Vorgesetzten, ohne Mitwirkungsmöglichkeit der lateralen Führungskraft, oder gar der beteiligten Mitarbeiter, gebildet. Da die Zusammenarbeit nun also nicht unbedingt freiwillig erfolgt, können Widerstände entstehen. Bei der hier ausgebliebenen Partizipation können persönliche Ziele übergangen werden, was einen Mangel an Vertrauen, Identifikation und Akzeptanz nach sich ziehen kann.[114] Sollte diese Situation entstehen, so muss die laterale Führungskraft in der nun folgenden Kooperation versuchen durch Transparenz über Sinn und Zweck der Zusammenarbeit, Schaffung von Partizipationsmöglichkeiten und idealerweise auch von Möglichkeiten der Erreichung persönlicher Ziele, wie bspw. die Erweiterung der eigenen Fähigkeiten, neue Anreize für eine konstruktive Zusammenarbeit zu schaffen.[115]

Neben fachlichen haben auch soziale Aspekte, wie eine ausgeprägte Teamfähigkeit, hohen Wert für die Zusammenarbeit in Gruppen. Um sich Wunschkandidaten für das Team zu sichern, sollte auch auf eine wertschätzende und transparente Kommunikation der Auswahl geachtet werden. Bspw. kann die Bezeichnung als Experte für einen Teilbereich des anstehenden Projektes, als Motivation zur Zusammenarbeit dienen.[116]

Sinnvoll ist auch die Berücksichtigung verschiedener Rollentypen bei der Zusammenstellung von Gruppen, um es nicht zuzulassen, dass die Führungsposition der lateralen Führung unnötig in Frage gestellt wird. Ein mögliches Kategorisierungsmuster hierfür liefern Stöwe, Keromosemito und Fritz mit ihrer Unterscheidung in Analytiker, Macher, Integrative und Expressive. Wie in der nachfolgenden Abbildung 4 zu sehen ist, erfolgt die Unterscheidung durch Zuschreibung der Eigenschaften Rationalität, Emotionalität, Introvertiertheit und Extrovertiertheit. An

---

[113] Vgl. *Rißmann, M.,* Kooperationslernen in heterarchischen Teamstrukturen, 1997, S. 93.

[114] Vgl. *Radatz, S.,* Führen ohne „Führungsmacht", 2009, S. 3; *Stöwe, C., Keromosemito, L.,* Führen ohne Hierarchie - Laterale Führung, 2013, S. 11.

[115] Vgl. *Pantalon, M. V.,* Motivation, 2015, S. 32.

[116] Vgl. *Edding, C., Schattenhofer, K.,* Handbuch Alles über Gruppen, 2009, S. 335.

dieser Stelle sei erwähnt, dass diese Aufteilung Zusammenhänge vereinfacht dar-stellt, lediglich beispielhaft ist und keinen Anspruch auf Vollständigkeit hat.[117]

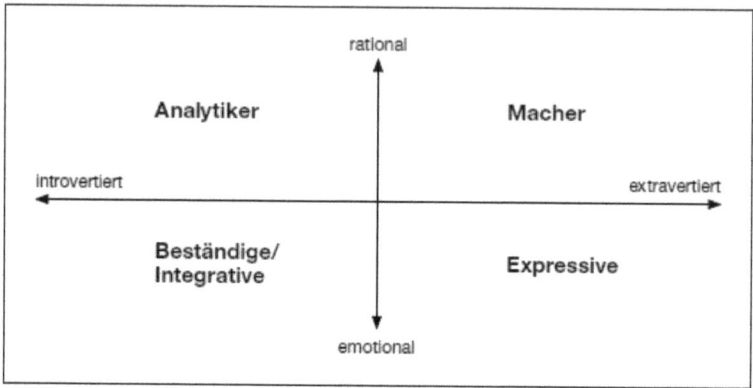

Abbildung 4: Die vier grundlegenden Persönlichkeitstypen
Quelle: *Stöwe, C., Keromosemito, L.,* Führen ohne Hierarchie - Laterale Führung, 2013, S. 16

Bei der Mitarbeiterauswahl kann die Unterscheidung und Einordnung in diese Per-sönlichkeitstypen hilfreich sein und die spätere Führung eines Teams vereinfachen. Hierfür gilt es ein gewinnbringendes Verhältnis zwischen den einzelnen Typen herzustellen und sich deren Eigenschaften möglichst zielorientiert zu Nutzen zu machen. Allerdings bedeutet dies auch die sensible Berücksichtigung der Eigenhei-ten der einzelnen Persönlichkeitstypen, die wiederum auch herausfordernd sein können. Eine homogene Auswahl der Rollentypen erhöht die Wahrscheinlichkeit der harmonischen Zusammenarbeit, kann aber ggf. zu einseitig sein und kritische, aber hilfreiche Perspektiven unbeachtet lassen.[118]

Die Kenntnis einzelner Entwicklungsphasen einer Gruppe und der korrekte Um-gang mit den Teammitgliedern währenddessen, ist ebenfalls ein wesentlicher Er-folgsfaktor lateraler Führung. Es fällt in den Aufgabenbereich der nichtdisziplina-rischen Führung die jeweiligen Phasen rahmengebend zu begleiten und in die nächste Phase überzuleiten.[119] Das bekannteste Modell der Gruppendynamik stammt von Bruce Tuckmann. Es unterteilt die Gruppenentwicklung in die vier

---

[117] Vgl. *Stöwe, C., Keromosemito, L.,* Führen ohne Hierarchie - Laterale Führung, 2013, S. 16-20.

[118] Vgl. *Stöwe, C., Keromosemito, L.,* Führen ohne Hierarchie - Laterale Führung, 2013, S. 28-31.

[119] Vgl. *Gessler, M.,* Selbstorganisiertes Lernen und lernende Organisation, 2010, S. 268.

Phasen Forming, Storming, Norming, Performing.[120] Das Forming bezeichnet die Bildung der Gruppe. Während dem Storming beginnen Aushandlungsprozesse und Erwartungshaltungen werden formuliert. Im Teilschritt des Norming werden Regelungen und Vorgehensweisen abgestimmt und vereinbart. Während dem Performing tritt Produktivität auf den Plan und es werden Ergebnisse erzielt.[121]

In welchem Ausmaß Einfluss auf die Leistung der Gruppe genommen werden kann hängt davon ab, in welcher Phase sie sich aktuell befindet. Im Forming und Storming sollten zunächst Einzelleistungen forciert werden, wobei im Forming besonderer Wert auf die gewinnbringende Definition des gemeinsamen Ziels gelegt werden muss. Die Teamleistung tritt während dem Norming und dem Performing in den Vordergrund. Die Entwicklung der Handlungsweisen muss stets unter Berücksichtigung der gemeinsam vereinbarten Normen und Werte erfolgen. Um die Verantwortung für die Kontrolle der teameigenen Regeln nicht auf die laterale Führungskraft zu zentrieren, sollte vorab auch eine Festlegung von Konsequenzen bei Nichteinhaltung im Team erfolgen.[122] Grundsätzlich sollte die laterale Führung nicht alleiniger Träger von Verantwortung sein. Nicht nur aufgrund der in Kapitel 4.1 unter der Überschrift ‚Fähigkeit Verantwortung abgeben zu können' ausgeführten Möglichkeit dadurch Vertrauen aufzubauen, sondern schlichtweg auch um sich persönlich aus der Schusslinie zu nehmen.[123]

Wenn trotz vereinbarter Konsequenzen dennoch Widerstände entstehen, sollte die laterale Führungskraft stets durch sachliche und wertschätzende Argumentation und Bezug auf die gemeinsam abgestimmten Folgen bei Nichterfüllung, den Fokus zurück auf das Ziel lenken.[124] Es sollte nicht nach einem Schuldigen gesucht werden, vielmehr sollten alle Beteiligten in die Pflicht genommen werden, um stattdessen Lösungen für den Widerstand zu finden. Diese Herangehensweise schafft wiederum Vertrauen und stärkt die Position der lateralen Führung im Team.[125]

---

[120] Vgl. *Edding, C., Schattenhofer, K.,* Handbuch Alles über Gruppen, 2009, S. 425.
[121] Vgl. *Rißmann, M.,* Kooperationslernen in heterarchischen Teamstrukturen, 1997, S. 98.
[122] Vgl. *Edding, C., Schattenhofer, K.,* Handbuch Alles über Gruppen, 2009, S. 335.
[123] Vgl. *Pantalon, M. V.,* Motivation, 2015, S. 86.
[124] Vgl. *Steiger, T.,* Das Rollenkonzept der Führung, 2013, S.58.
[125] Vgl. *Zuehlke, R.,* Das Prinzip „laterale Führung", 2008, S. 53.

4.4 Kommunikation

Wie bereits unter Punkt 4.1 unter der Überschrift ‚Kommunikationskompetenz' erläutert, erfordert erfolgreiche laterale Führung eine gezielte Einflussnahme auf Augenhöhe, anstelle der fehlenden Weisungsbefugnis. Dies gelingt durch eine kollegiale Verständigung in Kooperationsbeziehungen.[126] Folglich ist die adäquate Kommunikation mit den Mitarbeitern ein wesentlicher Erfolgsfaktor lateraler Führung.[127]

In diesem Zusammenhang darf Kommunikation allerdings nicht auf den bloßen Austausch von erforderlichen Informationen reduziert werden. Das schiere Erteilen von Aufträgen und Anweisungen steht der lateralen Führung ohnehin nicht vollumfänglich als Steuerungsmittel zur Verfügung. Eben deshalb muss Kommunikation ganzheitlicher gesehen, sowie sensibel und geschickt praktiziert werden, um durch geschickte Vernetzung und Formulierung Einfluss auf die beteiligten Kollegen auszuüben und das gewünschte Verhalten erreichen zu können. Daher sollten mangelnde Kommunikation bzw. auftretende Störfelder möglichst vermieden werden.[128]

Störungen können bereits durch mangelnde, oder falsch gesteckte Rahmenbedingungen entstehen. Wird die Definition des gemeinsamen Ziels bspw. nur mangelhaft vorgenommen, stellt dies bereits zu Beginn einer Zusammenarbeit das erste Kommunikationsproblem dar. Unklare Absprachen über Zuständigkeiten, Kompetenzen und Aufgaben können die Kooperation dann weiter erschweren. Auch soziale Störfeuer sind denkbar, wie etwa Ignoranz einer unliebsamen Person, oder geringe Wertschätzung für die ausgetauschten Informationen. Allerdings können Probleme auch schon durch vermeintlich unscheinbare Begleiterscheinungen entstehen, wie z.B. ein Missverständnis aufgrund der zu hohen Lautstärke in einem Gruppenbüro, oder die Verwendung von ausschweifenden Fachtermini.[129]

Um oben beschriebene Kommunikationsbarrieren zu vermeiden, muss die laterale Führungskraft die Bereitstellung von geeigneten Instrumenten zum Austausch von Informationen, Beweggründen und Zielbildern als wichtige Aufgabe ihrer

---

[126] Vgl. *Kühl, S., Schnelle, T.,* Führen ohne Hierarchie, 2009, S. 56.
[127] Vgl. *Boneberg, I.,* Kommunikation, 2013, S. 265.
[128] Vgl. *Regnet, E.,* Der Weg in die Zukunft, 2003, S. 62; *Edding, C., Schattenhofer, K.,* Handbuch Alles über Gruppen, 2009, S. 119.
[129] Vgl. *Rühle, H.,* Zeitmanagement, 2003, S. 139.

Führungstätigkeit verstehen. Solche Instrumente können u.a. Besprechungen und Einzelgespräche bzw. persönliches Feedback sein.[130] Empfehlenswert ist auch eine nachhaltige Dokumentation des Austauschs, etwa durch Verwendung möglichst der Schriftform, oder mittels Anfertigung von Protokollen.[131]

Typischerweise wird für den Inforationsaustausch die Besprechung, entweder terminiert oder ad hoc, gewählt. Diese Form des Austauschs bietet die Möglichkeit Informationen in beiderlei Richtungen fließen zu lassen, von der lateralen Führungskraft an die Mitarbeiter und anders herum.[132] Die individuelle Ausgestaltung einer Besprechung kann das Verhalten und die Wahrnehmung der Teilnehmer unterschiedlich beeinflussen. Beispielsweise kann der Termin als Kurzbesprechung, Sitzung, Brainstorming, oder Teamsitzung geführt werden. Jede dieser Ausprägungen hat spezielle Vorzüge und Schwächen. Die Gestaltung einer Besprechung sollte stets angepasst an die Situation und die Teilnehmer erfolgen.[133]

Die laterale Führungskraft stellt Themen und Inhalte in Besprechungen vor, beteiligt sich an der Diskussion, würdigt Vorgebrachtes kritisch und trifft u.U. auch Entscheidungen.[134] Zumeist fällt ihr auch die Rolle des Moderators zu. Als solcher führt sie thematisch durch die Besprechung und koordiniert den Meinungsaustausch. Des Weiteren sorgt sie für die Wahrung der Rahmenbedingungen wie bspw. den zeitlichen Rahmen, die Einhaltung der Themen- und Sprachreihenfolge und die Verwendung einer angemessenen Sprechkultur.[135] In der Inanspruchnahme des verfügbaren Gestaltungsspielraums der lateralen Führungskraft, liegt ihre Einflussmöglichkeit auf die Mitarbeiter. Die Priorisierung der Themen und einzelner Wortmeldungen, die Bemessung des jeweiligen Zeitraumes dafür, sowie das Einbringen, oder Auslassen von Lösungsvorschlägen können entsprechende Effekte erzielen.[136]

Alternativ kann die Rolle des Moderators auch an einen Mitarbeiter abgetreten werden. Durch die Abgabe von Verantwortung wird Vertrauen geschaffen, wie auch

---

[130] Vgl. *Boneberg, I.,* Kommunikation, 2013, S. 238.

[131] Vgl. *Jochum, E.,* Laterale Führung und Zusammenarbeit, 2003, S. 350.

[132] Vgl. *Fischer, E.,* Meetings moderieren und gestalten, 2013, S. 350.

[133] Vgl. *Hug, B.,* Wie funktionieren Arbeitsgruppen?, 2013, S. 338.

[134] Vgl. *Edding, C., Schattenhofer, K.,* Handbuch Alles über Gruppen, 2009, S. 119.

[135] Vgl. *Hug, B.,* Wie funktionieren Arbeitsgruppen?, 2013, S. 337; *Fischer, E.,* Meetings moderieren und gestalten, 2013, S. 351-354.

[136] Vgl. *Hug, B.,* Wie funktionieren Arbeitsgruppen?, 2013, S. 337.

schon in Kapitel 4.1 unter der Überschrift ‚Fähigkeit Verantwortung abgeben zu können' ausgeführt. Darüber hinaus schafft sich die laterale Führungskraft zusätzlichen Freiraum zur fachlichen Beteiligung an der Besprechung.[137] Wichtig ist hierbei jedoch, die Handlungssphäre des Moderators vorher sorgsam abzugrenzen, um im folgenden Meinungsaustausch keinen Rollenkonflikt zwischen ihm und der lateralen Führung heraufzubeschwören. Mitarbeiterbeteiligung kann aber auch durch die Möglichkeit der Meinungsäußerung, oder offene Diskussionen in Besprechungen erfolgen.[138]

Ein wichtiger Teilaspekt im Rahmen der Kommunikation ist das aktive und vorurteilsfreie Zuhören. Es ist die Grundvoraussetzung für das Verständnis der Hintergründe, Interessen, Fähigkeiten und Kapazitäten der Mitarbeiter. Nur in Kenntnis derer, kann die laterale Führung glaubhaft und empathisch auftreten und somit den für die gemeinsame Zieldefinition und -erreichung erforderlichen kooperativen Führungsstil pflegen.[139] Ein kooperatives Miteinander entsteht immer dann, wenn genügend Raum für kollegialen Austausch, und konstruktive Diskussion besteht.[140] Hierfür ist Feedback sowohl in der Gruppe, als auch im Einzelgespräch, ein in besonderem Maß hilfreiches Instrument. Zur Erzielung aller positiven Effekte aus Feedback, sollte dieses stets zeitnah, offen und sachlich, sowie im Dialog statt Monolog erfolgen. Die Meinungen anderer sollten stets als nützlich und relevant angesehen werden, auch wenn sie auf einer persönlichen Ebene als kritisch empfunden werden.[141] Idealerweise enthalten diese Meinungsäußerungen direkt Lösungsvorschläge, um Veränderungspotenziale zu erkennen. Somit wird der Abgleich von Fremd- und Selbstbild ermöglicht, wodurch Handlungsweisen und Wege zur Zielerreichung hinterfragt und ggf. angepasst werden können.[142] Wie bereits in Kapitel 4.1 unter der Überschrift ‚Kritikfähigkeit' erwähnt, sollte eine ausgeprägte Kritikfähigkeit Teil der inneren Haltung einer lateralen Führungskraft sein.[143]

---

[137] Vgl. *Fischer, E.,* Meetings moderieren und gestalten, 2013, S. 355.

[138] Vgl. *Edding, C., Schattenhofer, K.,* Handbuch Alles über Gruppen, 2009, S. 388; *Boneberg, I.,* Kommu- nikation, 2013, S. 276.

[139] Vgl. *Zuehlke, R.,* Das Prinzip „laterale Führung", 2008, S. 53; *Hug, B.,* Feedback, Anerkennung und Kritik, 2013, S. 291.

[140] Vgl. *Hug, B.,* Wie funktionieren Arbeitsgruppen?, 2013, S. 341.

[141] Vgl. *Boneberg, I.,* Kommunikation, 2013, S. 238; *Steiger, T., Lippmann, E.,* Handbuch angewandte Psychologie für Führungskräfte, 2013, S. 286.

[142] Vgl. *Hug, B.,* Feedback, Anerkennung und Kritik, 2013, S. 286-294.

[143] Vgl. *von Rosenstiel, L.,* Motivation von Mitarbeitern, 2003, S. 148; *Stöwe, C., Keromosemito, L.,* Führen ohne Hierarchie - Laterale Führung, 2013, S. 44.

4.5 Motivation

Motivation sollte aufgrund der, im Vergleich zu hierarchischen Führungskräften, weniger umfassenden Befugnisse, ein zentrales Motiv lateraler Führung sein. Motivation kann intrinsisch, also von innen heraus, z.B. durch Steigerung der Beliebtheit, begründet sein, oder aber extrinsisch, also von außen, bspw. durch Belohnung. Trotz der eingeschränkten Gestaltungsmöglichkeiten für extrinsische Motivation, ist die Fähigkeit Kollegen individuell motivieren zu können als wesentlicher Erfolgsfaktor für laterale Führung anzusehen. Grundannahme für die weiteren Ausführungen ist, dass die Steigerung der Eigenmotivation des Mitarbeiters auch seine Leistungsbereitschaft erhöht.[144]

Jeder Mitarbeiter bringt ein gewisses Maß an Eigenmotivation mit. Dieses richtet sich, neben der Gewährleistung angemessener Rahmenbedingungen, primär nach den persönlichen Interessen und der Möglichkeit diese in der Zusammenarbeit durchzusetzen. Da eine erfolgreiche Berücksichtigung sehr individuell erfolgen muss, ist es eine zentrale Aufgabe der lateralen Führung, ein äußerst empathisches und gezieltes Führungsverhalten einzusetzen. Der Grad der Eigenmotivation spiegelt sich in der Arbeitsqualität, der Leistungsbereitschaft und der Stimmung der Mitarbeiter wieder.[145] Für eine passgenaue Motivationssteigerung ist es erforderlich, dass die persönlichen Interessen der Kollegen der lateralen Führung bekannt sind. Daher ist es Teil der Führungsaufgabe, diese auf kollegiale und authentische Art in Erfahrung zu bringen, entsprechende Rahmenbedingungen zu schaffen und eine entsprechende Aufgabenverteilung vorzunehmen. Die Vergabe von Aufträgen an Mitarbeiter, orientiert an deren jeweiligen Interessen und Zielbildern, stärkt die Eigenmotivation und erzeugt Wertschätzung für und Vertrauen in die gemeinsame Arbeit.[146]

Neben der individuellen Berücksichtigung einzelner Interessen, ist es von großer Bedeutung, beim zu führenden Team bzw. einzelnen Mitarbeiter ein Verständnis für den Sinn und Zweck der geforderten Leistung zu schaffen und alle dazu notwendigen Informationen transparent zu machen.[147] Die laterale Führungskraft muss daher in der Lage sein, jederzeit den Nutzen der notwendigen Tätigkeiten

---

[144] Vgl. *Pantalon, M. V.,* Motivation, 2015, S. 13.
[145] Vgl. *von Rosenstiel, L.,* Motivation von Mitarbeitern, 2003, S. 196.
[146] Vgl. *von Rosenstiel, L.,* Motivation von Mitarbeitern, 2003, S. 211; *Steiger, T.,* Das Rollenkonzept der Führung, 2013, S. 51.
[147] Vgl. *Radatz, S.,* Führen ohne „Führungsmacht", 2009, S. 2.

33

herausstellen zu können. Nur so kann das Verständnis für die Erforderlichkeit der anstehenden Aufgaben geschaffen werden, was idealerweise Neugier und Begeisterungsfähigkeit erzeugt.[148] Voraussetzung dafür ist jedoch, dass das gemeinsame Ziel als realistisch angesehen wird und sich die Gruppe damit identifizieren kann. Zum Erhalt eines solchen Motivationslevels kann die laterale Führung durch eine kontinuierliche Darstellung des Zielerreichungsrades beitragen. So können gemachte Fortschritte visualisiert und etwaige Blockaden rechtzeitig erkannt und behoben werden.[149]

Eine weitere Möglichkeit zur Motivation liegt in der lateralen Führungskraft selbst. Die Fähigkeit zu begeistern und Menschen mit Charisma zu überzeugen, ist auch eine Form seine Kollegen zu motivieren. Das Vorleben der gewünschten Verhaltensweisen schafft Vorbildcharakter und kann zum Nachfolgen animieren.[150]

Legen Mitarbeiter bereits das erwünschte Verhalten an den Tag, so können sie durch das Mittel der Belohnung bestärkt werden, es beizubehalten.[151] Ohne Weisungsbefugnis stehen hierarchische Belohnungsmittel, wie bspw. eine monetäre Zuwendung, nicht zur Verfügung. Sind Mitarbeiter beteiligt, die eine entsprechende Erwartungshaltung haben, stößt die laterale Führung mit ihrem eingeschränkten Handlungsrahmen an Grenzen.[152] Nachdem sich ihr Gestaltungsspielraum auf soziale Belohnung beschränkt, ist die laterale Führung in solchen Fällen auf die disziplinarische Führung angewiesen.[153]

Aufgrund dessen sollte sich eine laterale Führungskraft auf den Einsatz sozialer Belohnung verstehen und diese entsprechend praktizieren. Sie kann in Form von Wertschätzung, bspw. durch Übertragung einer ersehnten Entscheidungsbefugnis erfolgen, oder durch die Anerkennung einer besonderen individuellen Leistung eines Mitarbeiters. Weitere Möglichkeiten sind Lob, bspw. durch ein positives Feedback beim jeweiligen Vorgesetzten, oder erhöhte Aufmerksamkeit, bspw. durch eine Verlängerung des persönlichen Redeanteils in einer Besprechung.[154] Bei der

---

[148] Vgl. *Zuehlke, R.,* Das Prinzip „laterale Führung", 2008, S. 53.

[149] Vgl. *von Rosenstiel, L.,* Motivation von Mitarbeitern, 2003, S. 198-208.

[150] Vgl. *Stöwe, C., Keromosemito, L.,* Führen ohne Hierarchie - Laterale Führung, 2013, S. 53.

[151] Vgl. *von Rosenstiel, L., Regnet, E., Domsch, M. E.,* Führung von Mitarbeitern, S. 147.

[152] Vgl. *Neuberger, O.,* Mikropolitik, 2003, S. 45; *Regnet, E.,* Der Weg in die Zukunft, 2003, S. 59.

[153] Vgl. *Zuehlke, R.,* Das Prinzip „laterale Führung", 2008, S. 54.

[154] Vgl. *Neuberger, O.,* Mikropolitik, 2003. S. 45; *Hug, B.,* Feedback, Anerkennung, und Kritik, 2013, S. 291.

Anwendung sozialer Belohnung sollten stets die individuellen Persönlichkeits-merkmale des jeweiligen Kollegen Beachtung finden. Der Mehrwert einer entspre-chenden Fähigkeit zur Empathie und einer ausgeprägten kommunikativen Kompe-tenz hierfür, wurde bereits im Kapitel 4.1 unter den korrespondierenden Über-schriften erörtert. Unterschiedliche Mitarbeiter haben unterschiedliche Motiva-toren, die u.U. einander entgegenwirken können. Möglicherweise bezieht ein Kol-lege große Motivation aus einem öffentlich vorgebrachten Lob seiner Leistung, ein anderer wiederum würde dies als Abwertung der Teamleistung und Geringschät-zung seiner Kollegen verstehen und dementsprechend demotiviert reagieren.[155]

Neben den positiven Effekten von Belohnung gibt es jedoch auch Fallstricke, die vermieden werden sollten. Bspw. können zu häufige Lobesbekundungen Mitarbei-ter dazu verleiten, diese als selbstverständlich anzusehen und nicht mehr als Mo-tivation wahrzunehmen.[156] Auch sollte die Organisation keinen negativen Einfluss auf soziale Belohnung ausüben, indem sie bspw. eine leistungsorientierte Bezah-lung vornimmt, was Einzelleistungen zwar forcieren, aber kooperatives Verhalten blockieren kann.[157]

Eine weitere Möglichkeit motivierend einzuwirken, ist das Entgegenbringen von Vertrauen. Dies kann gegenüber Einzelpersonen, oder ganzen Teams erfolgen.[158] Wird es nicht enttäuscht und das gewünschte Ergebnis erzielt, steigert dies die Ei-genmotivation der beteiligten Mitarbeiter. Zur Stärkung des Gemeinschaftsgefühls kann die laterale Führung auch gemeinsam mit ihren Mitarbeitern Verantwortung übernehmen. Im Erfolgsfall steht am Ende die Erkenntnis, dass einander vertraut werden kann.[159]

---

[155] Vgl. *Edding, C., Schattenhofer, K.,* Handbuch Alles über Gruppen, 2009, S. 491; *Kuhn, T., Weib-ler, J.,* Führungsethik in Organisationen, 2012, S. 134.

[156] Vgl. *Gessler, M.,* Selbstorganisiertes Lernen und lernende Organisation, 2010, S 273.

[157] Vgl. *Jochum, E.,* „Laterale" Führung und Zusammenarbeit, 2003, S. 432; *Kuhn, T., Weibler, J.,* Füh-rungsethik in Organisationen, 2012, S. 136.

[158] Vgl. *Edding, C., Schattenhofer, K.,* Handbuch Alles über Gruppen, 2009, S. 385.

[159] Vgl. *della Picca, M., Spisak, M.,* Psychologische Grundlagen für Führungskräfte, 2013, S. 102-103.

4.6 Macht

Zur Durchsetzung von Interessen im Sinne der Zielerreichung dient u.a. auch Macht. Laterale Führungskräfte verfügen, wie in Kapitel 3.2 erläutert, im Gegensatz zu Disziplinarvorgesetzten über wenig bis nahezu keine formelle Macht.[160] Daher ist es ein wesentlicher Erfolgsfaktor für nicht hierarchische Führung, verschiedene Arten informeller Macht zu kennen, sich ihrer bewusst zu sein und sie angemessenen auszuüben.[161] Im Folgenden werden zu verwendende Arten von informeller Macht dargelegt.

4.6.1 Macht durch Wissen bzw. Information

Durch die Nähe zum hierarchisch Vorgesetzten und die breite Vernetzung, die die Position üblicherweise mit sich bringt, sind laterale Führungskräfte meist frühzeitig über diverse Begebenheiten und Neuerungen informiert. Mit diesen exklusiven Informationen eröffnet sich ein großer Handlungsspielraum. Macht begründet sich in diesem Zusammenhang auf die Weitergabe bzw. das Vorenthalten relevanten Wissens, da dies die Kenntnis, oder Unkenntnis aller Handlungsalternativen steuert.[162] Hierin liegt jedoch auch die Gefahr der Macht durch Wissen bzw. Information. Zwar kann das vertrauensvolle Weitergeben sensibler Informationen als Belohnung eingesetzt werden und besonderes Vertrauen bei den Kollegen aufbauen, allerdings kann das Auslassen notwendiger Informationen, als Sanktionsmittel, auch das Vorankommen der Arbeit behindern, für Misstrauen beim betroffenen Mitarbeiter sorgen und somit das Verhältnis schädigen.[163] Wie bereits unter Punkt 4.1 insbesondere unter den Überschriften ‚Fähigkeit Verantwortung abgeben zu können' und ‚Fähigkeit zur Empathie' dargelegt, fußt erfolgreiche laterale Führung aber eben auf einem partizipativen und von Vertrauen geprägten Führungsstil. Demnach ist es von immenser Relevanz, dass elementare Informationen jederzeit für alle erforderlichen Organisationseinheiten zugänglich sind, um die Zielerreichung zu fördern.[164] Aufgrund dieses erforderlichen sensiblen Umgangs mit der Macht durch Wissen bzw. Information, benötigt die laterale Führungskraft, wie in

---

[160] Vgl. *Neuberger O.,* Mikropolitik, 2003, S. 43; *Kühl, S., Schnelle, T.,* Führen ohne Hierarchie, 2009, S. 54.

[161] Vgl. *Neuberger O.,* Mikropolitik, 2003, S. 43.

[162] Vgl. *Argyris, C., Schön, D. A.,* Die lernende Organisation, 2008, S. 19; *Edding, C., Schattenhofer, K.,* Handbuch alles über Gruppen, 2009, S. 491.

[163] Vgl. *Argyris, C., Schön, D. A.,* Die lernende Organisation, 2008, S. 19.

[164] Vgl. *Hug, B.,* Wie funktionieren Arbeitsgruppen?, 2013, S. 337.

Kapitel 4.1 unter der entsprechenden Überschrift dargelegt, eine hohe kommunikative Kompetenz.[165]

4.6.2 Macht durch Belohnung

Diese Macht entsteht durch das bewusste Auslassen, bzw. die Verhinderung negativen Einwirkens und durch das Zulassen von positiven Einflüssen, sowie den Einsatz wertschätzender Belohnungen als Anreiz für die Mitarbeiter. Für eine laterale Führungskraft ist der Einsatz solcher Mittel zwar dünner gesät als bei einem Disziplinarvorgesetzten, doch gibt es durchaus auch Möglichkeiten Macht durch Belohnung, ohne hierarchische Befugnisse auszuüben.[166] Denkbar ist in diesem Zusammenhang u.a. positives Feedback, die Übergabe von Verantwortung, oder ein Lob vor anderen Kollegen.[167]

4.6.3 Macht durch Zwang

Da diese Macht im Grunde auf der Angst der Mitarbeiter vor Sanktionen beruht und keine hierarchisch legitimierten Sanktionen zur Verfügung stehen, ist sie im Rahmen lateraler Führung ebenfalls nur eingeschränkt einsetzbar. Dennoch gibt es Mittel, die hierfür geeignet und nicht an eine Weisungsbefugnis geknüpft sind. Denkbar ist eine ausbleibende Beteiligung an Entscheidungsprozessen, abwertendes Feedback vor anderen Kollegen, oder auch Lob für gutes Mitwirken bei anderen, als den betroffenen Mitarbeitern zu üben.[168]

4.6.4 Macht durch Identifikation

Macht durch Identifikation ist dann gegeben, wenn die zu führenden Mitarbeiter das Wesen, das Verhalten und das Auftreten der lateralen Führungskraft als positiv empfinden. Hierbei wird eine gewisse Vorbildrolle eingenommen, die es der lateralen Führung ermöglicht, aufgrund des Standes bei den beteiligten Kollegen, auch ohne explizite Weisung Einfluss auf das Verhalten zu nehmen. Insbesondere der unter Punkt 2.2.1 erläuterte Eigenschaftsansatz setzt eine markante Ausübung von Macht durch Identifikation voraus.[169]

---

[165] Vgl. *Boneberg, I.,* Kommunikation, 2013, S. 265.
[166] Vgl. *Neuberger, O.,* Mikropolitik, 2003, S. 45.
[167] Vgl. *Zuehlke, R.,* Das Prinzip „laterale Führung", 2008, S. 54.
[168] Vgl. *Neuberger, O.,* Mikropolitik, 2003, S.44.
[169] Vgl. *Pantalon, M. V.,* Motivation, 2015, S. 32.

5 Fazit

Wie in Kapitel 1 dargelegt, sehen sich Organisationen mit einer schwindenden Wirkung von Hierarchien auf wesentliche Arbeitsabläufe konfrontiert. Grund dafür sind zunehmend komplexere und fachbereichsübergreifende Aufgabengebiete, die mehr Projektarbeit neben der Linienarbeit auf den Plan rufen, sowie Bestrebungen hin zu flacheren Führungsebenen. Im Zuge dessen gewinnen moderne Führungsansätze, wie der der lateralen Führung, zwischenzeitlich an Bedeutung. Diese stellt sich gegenüber hierarchischer Führung als deutlich geeigneter dar, untere Organisationsebenen stärker zu involvieren, um durch die praktische Nähe zu den Themen, die Qualität getroffener Entscheidungen zu erhöhen. Als Führungsform die Kooperation und Partizipation ins Zentrum ihres Führungshandelns rückt, bietet laterale Führung ein adäquates Konzept für Projekt- und Teamleitungen.

Die Ausführungen des Kapitels 3 aufgreifend, kann die Rolle der lateralen Führung durchaus als ‚primus enter pares', also als Erster unter Gleichen, verstanden werden. Im Gegensatz zur disziplinarischen Führung, steht die Führungsposition nicht über dem zu führenden Team, sondern ist ein Teil davon. Ihre soziale Einflussnahme muss also ohne hierarchische Weisungsbefugnis und ohne disziplinarische Mittel erfolgen. Dennoch trägt sie die Hauptverantwortung für die Erreichung gesteckter Ziele und die möglichst komplikationslose Kooperation.

Die fehlende Weisungsbefugnis ist wohl die zentrale, aber keineswegs die einzige der Herausforderungen, denen sich die laterale Führung stellen muss und die im Kapitel 3.4 der vorliegenden Arbeit eingehend behandelt wurden. Vor dem Hintergrund der beschriebenen Herausforderungen, sowie des in Kapitel 3 definierten Handlungsspielraums lateraler Führung und mit dem Anspruch die Forschungsfrage der vorliegenden Arbeit zu beantworten, wurde im Kapitel 4 deutlich gemacht, welche Erfolgsfaktoren wesentlich für das Gelingen lateraler Führung sind. Hierbei wurden neben persönlichen Eigenschaften der lateralen Führungskraft auch Aspekte beleuchtet, die der Positionsinhaber selbst steuern kann, wie bspw. entsprechende Handlungs- und Verhaltensweisen, aber auch Aspekte die er kaum, oder gar nicht beeinflussen kann, wie bspw. gesetzte Rahmenbedingungen und Personalkonstellationen.

Bei abschließender Betrachtung der ausgeführten wesentlichen Erfolgsfaktoren lateraler Führung wird deutlich, dass sie sich analog den Ausführungen unter 3.1, unter drei Überbegriffe zusammenfassen lassen, die Stefan Kühl als die drei Säulen des lateralen Führens[170] bezeichnet – Macht, Verständigung und Vertrauen.

5.1 Macht

Wie im Kapitel 4.6 dargelegt, ist eine laterale Führungskraft, nur weil sie nicht mit formeller Macht ausgestattet ist, keineswegs machtlos. Es ist ein wesentlicher Erfolgsfaktor lateraler Führung, Formen informeller Macht zu kennen, sich ihrer Verfügbarkeit bewusst zu sein und sie situations- und personengerecht auszuüben. Informelle Macht kann in unterschiedlicher Weise bestehen, bspw. durch Wissen bzw. Information, Belohnung, Zwang, oder Identifikation. Laterale Führungskräfte sollten es stets zum Ziel haben diese Quellen informeller Macht zu erschließen und zu bewahren, ohne sie jedoch zu missbrauchen. Werden bspw. notwendige Informationen nicht weitergegeben, kann dies die Zielerreichung lähmen, oder gar gefährden. Werden andererseits sämtliche verfügbare Informationen stets umgehend allen Beteiligten zugänglich gemacht, so hat die laterale Führungskraft keinen exklusiven Handlungsspielraum mehr durch Kenntnis aller Handlungsalternativen. Mit Blick auf die im Kapitel 4 erläuterten Erfolgsfaktoren ist Macht jedoch noch vielschichtiger zu sehen. Erfolgsrelevante persönliche Eigenschaften wie bspw. Kommunikationsfähigkeit und Empathie sind Grundlagen für einen kooperativen Austausch, indem wiederum wertvolle Erkenntnisse und Informationen erlangt werden können. Somit sind auch Persönlichkeit und Kompetenzen, die in Kapitel 4.1 dargelegt sind, relevant für das Zustandekommen von Macht. Gleiches gilt für etwaige Rahmenbedingungen lateraler Führung, die in Kapitel 4.2 erläutert werden. Wird eine laterale Führungskraft vor Antritt ihrer Stelle nicht angemessen fachlich eingearbeitet, kann sie keine Fachkompetenz aufbauen. Folglich kann sie Macht durch Wissen nur bedingt, oder gar nicht ausüben. Darüber hinaus können Mitarbeiter, die über entsprechendes Know-How verfügen, ihrerseits Macht über die laterale Führungskraft besitzen. Mit Blick auf das Kapitel 4.4 ist auch Kommunikation am Entstehen von informeller Macht beteiligt. Die laterale Führung hat bspw. die Möglichkeit bei dem Kommunikationsmittel der Besprechung die Themenauswahl zu treffen und die Zeiträume für die einzelnen Themenpunkte zu steuern. Somit kann sie von ihr präferierte Schwerpunkte setzen, um die Zielerreichung zu verfolgen. Auch Motivation, die unter 4.5 erläutert ist, hat Einfluss auf Macht. Hierfür ist erneut das Beispiel einer Besprechung dienlich, in der Macht durch

---

[170] Vgl. *Kühl, S.,* Laterales Führen, 2017, S. 19 ff.

Belohnung mittels Einräumung eines größeren Redeanteils von der lateralen Führungskraft ausgeübt werden kann.

5.2 Verständigung

Verständigung, oder auch Kommunikation, ist für einen kooperativen und partizipativen Führungsstil, wie den der lateralen Führung, von absolut zentraler Bedeutung. Nur über rege und respektvolle Verständigung mit Kollegen, kann ein nützliches Netzwerk an wichtigen persönlichen Beziehungen aufgebaut und gepflegt werden. Gegebene und auch erhaltene Informationen können große Auswirkungen auf die Führungstätigkeit haben und sollten daher stets einen entsprechenden Stellenwert zugestanden bekommen. Die fehlende Weisungsbefugnis bedingt, dass die Kommunikation der lateralen Führung sensibel und geschickt erfolgen muss, um Aufträge zu platzieren, ohne Widerstände beim betroffenen Mitarbeiter entstehen zu lassen. Auch Verständigung ist mit Blick auf die in Kapitel 4 erläuterten Erfolgsfaktoren vielschichtiger zu betrachten. Bspw. sind eine ausgeprägte Konflikt- und Kritikfähigkeit, wie unter 4.1 beschrieben, wichtig, um verbalen Entgleisungen in Streitigkeiten vorzubeugen. Auch in Konfliktsituationen muss Kommunikation stets sachlich und lösungsorientiert bleiben, um zwischenmenschliche Beziehungen nicht emotional zu belasten. Dies wäre der weiteren Kooperation äußerst abträglich. Auch die unter 4.2 dargelegten Rahmenbedingungen haben Wechselwirkungen auf die Verständigung. Um die laterale Führungskraft und ihre Führungshandlung zu legitimieren, müssen den Mitarbeitern u.a. ihre Aufgaben, Ziele und Befugnisse bekannt sein. Dies wird durch die Wahl einer transparenten und rechtzeitigen Kommunikation gewährleistet. Gerade im Umgang mit Mitarbeitern und Teams, deren Erfolgsrelevanz unter 4.3 ausgeführt wird, ist Kommunikation von Bedeutung. Werden die vier grundlegenden Persönlichkeitstypen zugrunde gelegt, so muss auch eine auf die einzelnen Typen abgestimmte Kommunikation erfolgen, um ihre Qualitäten nutzbar zu machen. Damit einhergehend kann der Bezug von der unter 4.5 ausgeführten Motivation zur Kommunikation hergestellt werden. Zur Steigerung der Eigenmotivation zu führender Mitarbeiter, steht hier das Mittel einer wertschätzenden Kommunikation, bspw. durch Lob vor dem Team, zur Verfügung. Macht, ausgeführt unter 4.6, kann in den gleichen Zusammenhang gesetzt werden. Wird ein Lob als Belohnungsmittel eingesetzt, so ist dies die kommunikative Ausübung formeller Macht durch Belohnung.

5.3 Vertrauen

Vertrauen ist im Kontext lateraler Führung ebenfalls ein unverzichtbarer Faktor. Da der lateralen Führung keine disziplinarischen Mittel zur Verfügung stehen, basiert ihre Führungstätigkeit auf dem ihr entgegengebrachten Vertrauen, ebenso wie auch dem Vertrauen in die zu führenden Mitarbeiter. Kollegen, die kein Vertrauen zu ihrer lateralen Führungskraft haben, werden sich ihrer sozialen Einflussnahme nicht in einem befriedigenden Maß unterwerfen und somit die Zielerreichung erschweren. Aber auch die laterale Führungskraft muss entsprechendes Vertrauen in die Fachkompetenz und die Arbeitsleistung der beteiligten Kollegen haben, um sich nicht alle Tätigkeiten selbst aufzubürden und daran letztlich zu scheitern. Nicht zuletzt deshalb, ist auch für Vertrauen ein Bezug zu den Erfolgsfaktoren im Kapitel 4 auszumachen. Denn die unter 4.1 genannte Fähigkeit Verantwortung abgeben zu können ist Voraussetzung dafür Verantwortung zu teilen und somit auch Vertrauen in die Fähigkeiten der Mitarbeiter zu signalisieren. Sind die unter 4.2 erläuterten Rahmenbedingungen so gestaltet, dass eine Zielerreichung durch die gesetzten Handlungsspielräume realistisch erscheint, schafft dies Vertrauen in die eigene Aufgabe und Person. In der Interaktion mit den Mitarbeitern und Teams, denen sich Kapitel 4.3 widmet, kann Vertrauen geschaffen werden, indem bei aufgetretenen Fehlern nicht nach Schuldigen gesucht wird, die kritisiert werden sollen, sondern nach Lösungen für das entstandene Problem. Dies stärkt das Vertrauen der Mitarbeiter, trotz eines Fehlers nicht herabgesetzt zu werden und somit auch in die Fähigkeiten der lateralen Führung. Im Bereich der unter 4.4 ausgeführten Kommunikation, ist Vertrauen in die laterale Führung und ihre Vermittlungsfähigkeiten unerlässlich, um eine offene Diskussion führen zu können, in der auch kritische Meinungen Gehör finden und wertschätzend behandelt werden. Somit wird ein offener Gedankenaustausch ermöglicht, der alle Handlungsalternativen darstellen und die bestmögliche Lösung erarbeiten lässt. Mit Bezug auf die Ausführungen unter 4.5 zu Motivation lässt sich festhalten, dass das Entgegenbringen von Vertrauen bspw. durch die Delegierung eines Amtes, wie das des Moderators in der nächsten Besprechung, bereits eine Form der Motivation sein kann. Ist das Vertrauen der zu führenden Mitarbeiter in die Fähigkeiten und Eigenschaften der lateralen Führung in ausreichendem Maß gegeben, so kann ihr auch informelle Macht durch Identifikation, beschrieben unter 4.6, zugeschrieben werden.

Die unter den vorgenannten drei Überschriften repräsentativ beispielhaft aufgeführten Zusammenhänge legen dar, dass die im Kapitel 4 ausgeführten Erfolgsfaktoren lateraler Führung alle auf entsprechende Weise Wechselwirkungen auf die drei Säulen Macht, Verständigung und Vertrauen haben und ihnen zugeordnet werden können. Demnach kann festgehalten werden, dass Macht, Verständigung und Vertrauen als dreigliedrige Zusammenfassung der Ausführungen im Kapitel 4 der vorliegenden Arbeit wesentliche Erfolgsfaktoren lateraler Führung beschreiben.

Die vorliegende Arbeit bedient sich einer sehr idealtypischen Betrachtungsweise der Erfolgsfaktoren lateraler Führung. Die Ausführungen gehen auf eher einfache Zusammenhänge und Beziehungen ein. Laterale Führung kann einerseits vor noch mehr als den beschriebenen Herausforderungen stehen, andererseits können diese auch wesentlich schwerwiegender ausfallen, als oben gewürdigt. Allein schon der Bereich möglicher Konflikte, denen sich laterale Führungskräfte stellen müssen, hat genügend Tiefe, um eine eigene wissenschaftliche Arbeit bemühen zu können. Hierin könnte explizit darauf eingegangen werden wie Widerstände bei Mitarbeitern zustande kommen, wie sie frühzeitig erkannt und behoben werden können und wie nach einem heftigen Konflikt, trotz geschwundenem Vertrauen, wieder eine produktive Kooperation hergestellt werden kann. Grundsätzlich ist laterale Führung aus Sicht der geführten Mitarbeiter und Teams in der vorliegenden Arbeit nur geringfügig beleuchtet worden. Auch wäre es interessant die Rolle des Disziplinarvorgesetzten intensiver in die Betrachtungen zu lateraler Führung mit einzubeziehen.

Zum Abschluss lässt sich konstatieren, dass laterale Führung eine komplexe und herausfordernde Disziplin ist, deren Umsetzung Geduld und Unterstützung seitens der Organisation erfordert. Diese an Bedeutung gewinnende Führungsform muss durch fortlaufende Verbesserung ihrer Rahmenbedingungen weiter gefördert werden. Mehr und umfangreichere Ausbildung und Schulung angehender lateraler Führungskräfte, ebenso wie der Unternehmen, die laterale Führung aufbauen möchten wären wünschenswert.

> „Wenn Sie so wollen, ist das klassische Führen ein Kinderspiel gegen das laterale Führen."[171]

---

[171] *Zuehlke, R.,* Das Prinzip „laterale Führung", 2008, S. 52.

Literaturverzeichnis

Argyris, Chris, Schön, Donald A. (Die lernende Organisation, 2008): Die lernende Organisation – Grundlage, Methode, Praxis, 3.Aufl., Stuttgart: Schäffer-Poeschel, 2008

Aschauer, Erika (Führen, 1970): Führen – Eine soziologische Analyse anhand kleiner Gruppen, Stuttgart: Enke, 1970

Blessin, Bernd, Wick, Alexander (Führen und führen lassen, 2017): Führen und führen lassen – Ansätze, Ergebnisse und Kritik der Führungsforschung, 8. Aufl., Konstanz, München: UVK, 2017

Boneberg, Iris (Kommunikation, 2013): Kommunikation, in: *Steiger, Thomas, Lippmann, Eric* (Hrsg.), Handbuch Angewandte Psychologie für Führungskräfte, 2013, S. 238-252

Bröckermann, Reiner, Müller-Vorbrüggen, Michael (Hrsg.) (Handbuch Personalentwicklung, 2010): Handbuch Personalentwicklung – die Praxis der Personalbildung, Personalförderung und Arbeitsstrukturierung, 3. Auflage, Stuttgart: Schäffer-Poeschel, 2010

Drumm, Hans J. (Personalwirtschaft, 2005): Personalwirtschaft, 5. Aufl., Berlin, Heidelberg: Springer, 2005

Edding, Cornelia, Schattenhofer, Karl (Handbuch Alles über Gruppen, 2009): Handbuch Alles über Gruppen – Theorie, Anwendung, Praxis, Weinheim, Basel: Beltz, 2009

Fischer, Erich (Meetings moderieren und gestalten, 2013): Meetings moderieren und gestalten, in: *Steiger, Thomas, Lippmann, Eric* (Hrsg.), Handbuch Angewandte Psychologie für Führungskräfte, 2013, S. 350-375

Frielingsdorf, Astrid (Storytelling, 2013): Storytelling, in: *Steiger, Thomas, Lippmann, Eric* (Hrsg.), Handbuch Angewandte Psychologie für Führungskräfte, 2013, S. 253-264

Gessler, Michael (Selbstorganisiertes Lernen und lernende Organisation, 2010): Selbstorganisiertes Lernen und lernende Organisation, in: *Bröckermann, Reiner, Müller-Vorbrüggen, Michael* (Hrsg.), Handbuch Personalentwicklung, 2010, S. 263-282

Grote, Sven (Hrsg.) (Die Zukunft der Führung, 2012): Die Zukunft der Führung, Berlin, Heidelberg: Springer, 2012

Hemmrich, Angela, Harrant, Horst (Projektmanagement, 2016): Projektmanagement – In 7 Schritten zum Erfolg, 4. Aufl., München: Hanser, 2016

Hofbauer, Helmut, Kauer, Alois (Einstieg in die Führungsrolle, 2018): Einstieg in die Führungsrolle – Praxisbuch für die ersten 100 Tage, 6. Aufl., München: Hanser, 2018

Hug, Brigitta (Feedback, Anerkennung und Kritik, 2013): Feedback, Anerkennung und Kritik, in: *Steiger, Thomas, Lippmann, Eric* (Hrsg.), Handbuch Angewandte Psychologie für Führungskräfte, 2013, S. 286-298

Hug, Brigitta (Wie funktionieren Arbeitsgruppen?, 2013): Wie funktionieren Arbeitsgruppen?, in: *Steiger, Thomas, Lippmann, Eric* (Hrsg.), Handbuch Angewandte Psychologie für Führungskräfte, 2013, S. 315-349

Jochum, Eduard („Laterale" Führung und Zusammenarbeit, 2003): „Laterale" Führung und Zusammenarbeit – Der Umgang mit Kollegen, in: *von Rosenstiel, Lutz, Regnet, Erika, Domsch, Michel E.* (Hrsg.), Führung von Mitarbeitern – Handbuch für erfolgreiches Personalmanagement, 2003, S. 429-439

Jörg, Urs, Steiger, Thomas (Leistung und Verhalten beeinflussen, 2019): Leistung und Verhalten beeinflussen, in: *Lippmann, Eric, Pfister, Andres, Jörg, Urs* (Hrsg.), Handbuch Angewandte Psychologie für Führungskräfte, 2019, S. 157-166

Kauffeld, Simone (Hrsg.) (Arbeits-, Organisations- und Personalpsychologie für Bachelor, 2019): Arbeits-, Organisations- und Personalpsychologie für Bachelor, 3. Aufl., o. O.: Springer, 2019

Kauffeld, Simone, Ianiro-Dahm, Patrizia M., Sauer, Nils C. (Führung, 2019): Führung, in: *Kauffeld, Simone* (Hrsg.), Arbeits-, Organisations- und Personalpsychologie für Bachelor, 2019, S. 105-138

Kühl, Stefan, Schnelle, Thomas (Führen ohne Hierarchie, 2009): Führen ohne Hierarchie - Macht, Vertrauen und Verständigung im Prozess des lateralen Führens, in: OrganisationsEntwicklung, (2009), Nr. 2, S. 51-60

Kühl, Stefan, Matthiesen, Kai (Wenn man mit Hierarchie nicht weiterkommt, 2012): Wenn man mit Hierarchie nicht weiterkommt: Zur Weiterentwicklung des Konzepts des Lateralen Führens, in: *Grote, Sven* (Hrsg.), Die Zukunft der Führung, 2012, S. 531-556

Kühl, Stefan (Laterales Führen, 2017): Laterales Führen - Eine kurze organisationstheoretisch informierte Handreichung, Wiesbaden: Springer, 2017

Kuhn, Thomas, Weibler, Jürgen (Führungsethik in Organisationen, 2012): Führungsethik in Organisationen, in: *von der Oelsnitz, Dietrich, Weibler, Jürgen* (Hrsg.), Organisation & Führung, 2012

Lerche, Wolfgang, Wollmer, Bianca, Engel, Ralf (Projekte sozialer Arbeit, 2004): Projekte sozialer Arbeit – Entwickeln-Organisieren-Finanzieren, Frankfurt am Main: Lambertus, 2004

Lippmann, Eric, Pfister, Andres, Jörg, Urs (Hrsg.) (Handbuch Angewandte Psychologie für Führungskräfte, 2019): Handbuch Angewandte Psychologie für Führungskräfte – Führungskompetenz und Führungswissen, 5. Aufl., o. O.: Springer, 2019

Neuberger, Oswald (Mikropolitik, 2003): Mikropolitik, in: *von Rosenstiel, Lutz, Regnet, Erika, Domsch, Michel E.* (Hrsg.), Führung von Mitarbeitern – Handbuch für erfolgreiches Personalmanagement, 2003, S. 41-49

von der Oelsnitz, Dietrich, Weibler, Jürgen (Hrsg.) (Organisation & Führung, 2012): Organisation und Führung, Stuttgart: Kohlhammer W., 2012

Pantalon, Michael V. (Motivation, 2015): Motivation – Wie Sie sich und andere schnell und erfolgreich motivieren, München: dtv, 2015

Pfister, Andres, Neumann, Uwe (Führungstheorien, 2019): Führungstheorien, in: *Lippmann, Eric, Pfister, Andres, Jörg, Urs* (Hrsg.), Handbuch Angewandte Psychologie für Führungskräfte, 2019, S. 39-73

della Picca, Moreno, Spisak, Mona (Psychologische Grundlagen für Führungskräfte, 2013): Psychologische Grundlagen für Führungskräfte, in: *Steiger, Thomas, Lippmann, Eric* (Hrsg.), Handbuch Angewandte Psychologie für Führungskräfte, 2013, S. 65-111

Radatz, Sonja (Führen ohne „Führungsmacht", 2009): Führen ohne „Führungsmacht", in: Projektmagazin, (2009), Nr. 2, S. 1-3

Regnet, Erika (Der Weg in die Zukunft, 2003): Der Weg in die Zukunft – Anforderungen an die Führungskraft, in: *von Rosenstiel, Lutz, Regnet, Erika, Domsch, Michel E.* (Hrsg.), Führung von Mitarbeitern – Handbuch für erfolgreiches Personalmanagement, 2003, S. 51-66

Rißmann, Michaela (Kooperationslernen in heterarchischen Teamstrukturen, 1997): Kooperationslernen in heterarchischen Teamstrukturen, in: *Zech, Rainer* (Hrsg.), Theorie und Praxis der Erwachsenenbildung, 1997, S. 90-113

von Rosenstiel, Lutz, Regnet, Erika, Domsch, Michel E. (Hrsg.) (Führung von Mitarbeitern, 2003): Führung von Mitarbeitern – Handbuch für erfolgreiches Personalmanagement, 5. Aufl., Stuttgart: Schäffer-Poeschel, 2003

von Rosenstiel, Lutz (Motivation von Mitarbeitern, 2003): Motivation von Mitarbeitern, in: *von Rosenstiel, Lutz, Regnet, Erika, Domsch, Michel E.* (Hrsg.), Führung von Mitarbeitern – Handbuch für erfolgreiches Personalmanagement, 2003, S. 195-215

Rühle, Hermann (Zeitmanagement, 2003): Zeitmanagement, in: *von Rosenstiel, Lutz, Regnet, Erika, Domsch, Michel E.* (Hrsg.), Führung von Mitarbeitern – Handbuch für erfolgreiches Personalmanagement, 2003, S. 131-138

Schilling, Jan (Wovon sprechen Führungskräfte, wenn sie über Führung sprechen?, 2001): Wovon sprechen Führungskräfte, wenn sie über Führung sprechen? – Eine Analyse subjektiver Führungstheorien, Hamburg: Dr. Kovac, 2001

Scholten, Johann (Führen ohne Weisungsbefugnis, 2013): Führen ohne Weisungsbefugnis, in: SOZIALwirtschaft, (2013), Nr. 4, S. 32-33

Steiger, Thomas, Lippmann, Eric (Hrsg.) (Handbuch Angewandte Psychologie für Führungskräfte, 2013): Handbuch Angewandte Psychologie für Führungskräfte, 4. Aufl., Berlin, Heidelberg: Springer, 2013

Steiger, Thomas (Das Rollenkonzept der Führung, 2013): Das Rollenkonzept der Führung, in: *Steiger, Thomas, Lippmann, Eric* (Hrsg.), Handbuch Angewandte Psychologie für Führungskräfte, 2013, S. 35-61

Steiger, Thomas (Leistung und Verhalten beeinflussen, 2013): Leistung und Verhalten beeinflussen, in: *Steiger, Thomas, Lippmann, Eric* (Hrsg.), Handbuch Angewandte Psychologie für Führungskräfte, 2013, S. 113-120

Stöwe, Christian, Keromosemito, Lara (Führen ohne Hierarchie - Laterale Führung, 2013): Führen ohne Hierarchie - Laterale Führung – Wie Sie ohne Vorgesetztenfunktion Teams motivieren, kritische Gespräche führen, Konflikte lösen, 2. Aufl., Wiesbaden: Springer, 2013

Weibler, Jürgen (Personalführung, 2012): Personalführung, 2. Aufl., München: Vahlen, 2012

Zech, Rainer (Hrsg.) (Theorie und Praxis der Erwachsenenbildung, 1997): Theorie und Praxis der Erwachsenenbildung – Pädagogische Antworten auf gesellschaftliche Modernisierungsanforderungen, Bad Heilbrunn: Klinkhardt, 1997

Zuehlke, Ramona (Das Prinzip „laterale Führung", 2008): Das Prinzip „laterale Führung" – Die Kunst der Führung ohne Weisungsbefugnis, in: Personalführung, (2008), Nr. 4, S. 50-55

Internetquellen

https://www.haufe.de/personal/hrmanagement/laterale-fuehrung-fuehren-ohne-fuehrungsfunktion-wirdwichtiger_80_306786.html, Zugriff am 31.03.2019

https://www.duden.de/rechtschreibung/lateral, Zugriff am 23.04.2019

https://www.contur-online.de/de/blog/laterale-fuehrung.php, Zugriff am 28.04.2019

https://www.mdi-training.com/blog/de/2015/04/02/laterales_fuehren_rollen/, Zugriff am 28.04.2019